# QU'EST-CE QUE LA NÉGATION ?

# COMITÉ ÉDITORIAL

**CHEMINS PHILOSOPHIQUES**

Collection dirigée par Roger POUIVET

Joseph VIDAL-ROSSET

# QU'EST-CE QUE LA NÉGATION ?

Paris

LIBRAIRIE PHILOSOPHIQUE J. VRIN

6, place de la Sorbonne, Vᵉ

2013

© *Librairie Philosophique J. VRIN,* 2013

*Imprimé en France*
ISSN 1762-7184
ISBN 978-2-7116-2507-9

*www.vrin.fr*

*Pour Sara, Jan et François*

**N.B.** Par convention, l'année mise entre parenthèses dans les références bibliographiques de cet ouvrage indique l'année de l'édition originale de l'ouvrage cité.

# QU'EST-CE QUE LA NÉGATION ?

## INTRODUCTION

La question de la nature de la négation fait partie des problèmes les plus profonds et les plus difficiles de la philosophie de la connaissance. Il n'est probablement pas de sujet qui offre autant de variété d'approches et d'oppositions de points de vue, quelles que soient les disciplines à partir desquelles on aborde ce sujet. On pourrait s'attendre par exemple à ce que la négation soit comprise et traitée de façon univoque en logique mathématique ; or les logiciens nous apprennent que la « négation-échec » (*negation as failure*) se distingue de la négation logique, qui à son tour n'a pas exactement les mêmes propriétés en logique classique et en logique intuitionniste. Quant à savoir comment la négation a été analysée au cours de l'histoire de la philosophie, depuis Platon jusqu'à Hegel, en passant par Descartes et Spinoza, un tel sujet serait probablement considéré aujourd'hui comme trop vaste pour une thèse de doctorat. Comment alors, compte tenu de la complexité et de la profondeur d'une telle question, peut-on répondre à la question « qu'est-ce que la négation ? » en moins de cent pages, par une problématique qui ne soit pas outrageusement simplificatrice et partielle ? Pour répondre à ce défi, il n'y a sans doute pas de meilleure option que de traiter, pour ainsi dire, le mal par le mal, c'est-à-dire apporter une réponse de plus dans les innombrables investigations sur ce sujet. Il s'agira donc d'accepter l'exercice philosophique qui consiste à développer une argumentation qui se donne pour horizon une définition complète de la signification de la négation.

Mais sur quelle base peut-on prétendre apporter une définition complète de la signification de la négation ? Car si l'on reconnaît la multiplicité irréductible des approches de la négation et des définitions de celle-ci, on voit mal comment une théorie philosophique de la négation pourrait prétendre en donner une signification complète, même en excluant des théories rivales, comme on le fait toujours en philosophie. Il faut donc préciser le sens que l'on donne au mot « complet », à l'instar de la façon de procéder en logique. On estimera donc avoir donné une théorie « complète » de la négation si cette théorie rend compte à la fois de toutes les significations naturelles et habituelles que l'on accorde à la négation dans l'usage du langage ordinaire et si elle se fonde sur un système logique correct, parce qu'il ne prouve aucun argument invalide, et complet, parce qu'il permet de prouver tout argument valide [1].

Pour définir la compréhension naturelle de la négation, nous partirons de la psychologie. Dans une étude souvent citée, Bloom [2] a établi qu'il existe pour l'enfant trois significations fondamentales de la négation :

(a) l'*absence* remarquée de l'objet de la référence, dont l'existence, ou plus exactement la présence, pourrait être attendue ou supposée dans le contexte ;

(b) le *rejet* de quelque chose auquel l'énoncé fait référence, qui est supposé présent dans le contexte ;

---

1. Pour des définitions plus approfondies, voir J. Barwise et J. Etchemendy, *Language, proof and logic*, Stanford (CA), CSLI Publications, 2011 (1999), *completeness*, p. 563 ; *soundness*, p. 570.

2. L. Bloom, *Language development: form and function in emerging grammars*, Cambridge (MA), M.I.T. Press, 1970.

(c) la *dénégation*, c'est-à-dire, selon la définition que
donne l'Académie française, « le refus d'accepter,
d'admettre, de reconnaître, d'avouer ce qui est » : la
dénégation s'exprime à travers une expression qui nie
que tel ou tel énoncé soit vrai.

La théorie de la négation que nous allons développer rend
compte de manière complète de ces trois significations naturelles de la négation. Elle est fondée sur la logique intuitionniste qui permet de donner une compréhension à la fois plus
riche et plus fine de la négation que celle que l'on peut fonder
sur la logique classique. Si la première partie commence avec
des remarques qui relèvent de la psychologie, la seconde se
fonde sur la logique et la troisième donne un aperçu critique
sur quelques métaphysiques de la négation, c'est-à-dire sur
certains systèmes philosophiques qui ont tiré des conséquences
ontologiques à partir d'une définition spécifique de la négation. Cette troisième partie trouve une suite naturelle dans le
commentaire des réflexions de Spinoza et de Kant sur la question de la négation.

Au cours de l'analyse, nous donnons dans cet ouvrage six
définitions de la négation, pour n'en retenir que cinq. Pour
plus de clarté, précisons ici que la définition 4 est la définition de la négation donnée en logique intuitionniste, logique à
partir de laquelle il est possible d'interpréter les définitions 2
(la négation par l'échec) et 3 (la négation de la logique classique). La définition 1 vise en deçà du langage et de la logique ;
la définition 5, par son caractère métaphysique ou ontologique, vise au-delà. Mais si cette définition prend tout son
sens dans le système de Spinoza, nous verrons qu'en aucun
cas elle ne peut être considérée comme le dernier mot de
notre réflexion. Ces définitions doivent plutôt être considérées comme un approfondissement des significations que l'on
peut donner à la négation, au sein d'une théorie logique cohérente. Dans le *Tractatus*, Wittgenstein affirme que « le but de

la philosophie est la clarification logique des pensées »[1] ; la clarification logique de l'idée de négation est le but de cet ouvrage. Nous présumons que celui-ci décevra les lecteurs qui apprécient les systèmes logiques subtils et compliqués, et plus encore ceux qui accordent au philosophe une position privilégiée, à la fois hors du cosmos et hors des sciences. Nous espérons que cet ouvrage suscitera l'intérêt des autres.

## Le rejet ou la négation primitive

Il suffit de s'interroger sur ce que l'on entend par « la négation », pour que l'on admette deux points qui ne font aucun doute : la négation est à la fois un phénomène *linguistique* qui joue un rôle important dans la grammaire, et un phénomène *psychologique*. Car si comme Russell[2] on peut se poser la question de savoir s'il existe dans le monde des « faits négatifs », on admettra facilement que l'expression abstraite « la négation » est significative parce qu'il existe une compréhension des énoncés négatifs. Nous commencerons cette analyse de la négation en admettant franchement que les points de vue de la psychologie et de la linguistique concernent notre enquête, avant d'aborder la logique et bien avant toute considération métaphysique. Une remarque justifiera ce point de départ. Remarquons qu'en apprenant une langue, on apprend l'usage de la négation dans cette langue, et qu'aucune théorie logique ou philosophique n'a jamais sérieusement soutenu que les usages linguistiques de la négation reposent sur des

---

1. L. Wittgenstein, *Tractatus logico-philosophicus*, trad. fr. et introd. par G.-G. Granger, Paris, Gallimard, 1993 (1922), prop. 4.112, p. 57.
2. B. Russell, *Signification et vérité*, trad. fr. par P. Devaux, Paris, Flammarion, 1993 (1950).

préjugés [1]. Il doit donc exister dans la compréhension psychologique de la négation un « noyau dur » qu'il importe de mettre en lumière, si l'on cherche à développer une philosophie de la connaissance qui exprime correctement à la fois ce qu'exprime la négation et ce qu'elle dénote.

Nous allons voir pourquoi notre compréhension primitive de la négation est la négation non logique exprimée par le rejet, l'enfance de la négation. Que nous accordons de l'importance à cette thèse en faveur de laquelle il existe, comme on va le voir, des arguments solides, s'explique par le fait que nous fondons l'analyse de la négation qui va suivre sur le refus des quatre présupposés suivants, que nous considérons comme des erreurs :

(1) la négation étant un fait de langage, sa compréhension ne doit reposer *que* sur l'analyse de son rôle dans le langage ;
(2) la fonction essentielle du langage est la description du monde ;
(3) la pensée n'a pas d'existence hors du langage [2] ;
(4) l'usage rationnel du langage traçant la frontière entre l'homme et l'animal [3], il n'existe *rien* dans la communication animale qui soit susceptible de correspondre à l'usage que nous faisons de la négation dans le langage.

1. La remarque cartésienne selon laquelle l'infini n'est pas la négation du fini est un contre-exemple. Mais le fait qu'on définisse en théorie des ensembles, un ensemble infini comme « un ensemble qui n'est pas fini » montre que ce « préjugé » a la vie dure.

2. C'est le slogan hégélien : « C'est dans les mots que nous pensons. » G.W.F. Hegel, *Encyclopédie des Sciences Philosophiques*, trad. fr. par B. Bourgeois, t. III, Philosophie de l'Esprit, Paris, Vrin, 1988 (1827), § 462, p. 261.

3. R. Descartes, *Discours de la Méthode*, Paris, Gallimard, 1953 (1637), p. 165.

L'énoncé (1) doit être rejeté, car si l'acquisition de la maîtrise de l'usage de la négation est cruciale dans l'apprentissage d'une langue, il ne s'en suit pas que l'analyse de la langue *suffit* à comprendre la nature de la négation. On doit distinguer en effet les états psychologiques qui provoquent les énoncés négatifs, des significations grammaticales de la négation. On ne peut du reste pas raisonnablement soutenir qu'une compréhension complète de la négation peut être développée indépendamment de toute mention de ces états psychologiques qui appartiennent aux *causes* des énoncés négatifs.

La fonction première du langage étant la communication, c'est-à-dire la transmission d'informations, on doit rejeter l'énoncé (1) parce qu'il confond cette fonction avec une spécialisation de cette fonction.

L'énoncé (1) est trivial ou bien faux, selon l'interprétation que l'on donne au terme « pensée ». Si « pensée » est synonyme de « pensée conceptuelle », alors il est évident que l'on ne peut faire usage de concepts sans faire usage du langage. Mais si l'on considère que la conscience d'une sensation ou d'un sentiment est aussi une pensée [1] alors les sensations et les sentiments que l'on perçoit confusément, sans être capable de les nommer, n'en restent pas moins des pensées et donc (1) doit être rejeté.

Le rejet du quatrième et dernier énoncé va constituer l'essentiel de ce qui suit dans cette section. Comme on va le voir, il est plus délicat de rejeter cet énoncé, car il est vrai qu'il existe des significations de la négation qui n'ont aucun correspondant dans la communication animale. Mais si l'énoncé (1) est partiellement vrai, il est aussi partiellement faux. Voyons pourquoi.

Reconnaissons d'abord qu'il est contre-intuitif de rejeter l'idée que la pensée *commence* avec la simple conscience

---

1. R. Descartes, *Les Principes de la Philosophie*, Paris, Gallimard, 1953 (1644), art. 9, p. 574.

d'affections sensibles (avoir faim, avoir froid, avoir peur, etc.), et acceptons la thèse de Descartes [1] selon laquelle, sentir, c'est aussi penser. Mais alors, comme le souligne avec raison Proust [2] en s'opposant à toute une tradition philosophique, la maîtrise rationnelle du langage n'est pas une condition nécessaire de l'existence de la pensée, mais plus faiblement, une condition suffisante [3].

L'assertion (1) est partiellement fausse, car le rejet de tout ce qui est perçu comme menaçant ou déplaisant est une signification de la négation que les animaux ont la capacité d'exprimer instinctivement. Comme le souligne Pea [4], ce qui fait l'objet de ce type de négation (individu, événement, comportement) n'a pas besoin d'être représenté par un signe puisqu'il est présent dans le contexte. Le nourrisson qui détourne la tête à l'approche de la nourriture manifeste son aversion de façon immédiate. Avec un grand nombre d'autres espèces animales, nous partageons la réaction instinctive de rejet, qui est bien une expression singulière de la négation. L'absence du « non » verbal exprimant une peur ou un refus peut être compensée par tel ou tel geste, tel ou tel comportement, sans que cela affecte nécessairement la communication.

Contrairement au rejet, l'interdiction présuppose nécessairement la capacité de faire abstraction de l'immédiateté et de se projeter dans un temps qui n'est plus ou n'est pas encore

---

1. *Ibid.*

2. J. Proust, *Comment l'esprit vient aux bêtes*, Paris, Gallimard, 1997, p. 14.

3. Sur la distinction logique entre condition nécessaire et condition suffisante, voir J. Vidal-Rosset, *Les paradoxes de la liberté – Arguments logiques au sujet de la contingence, du libre arbitre et du choix rationnel*, Paris, Ellipses, 2009, p. 141-145.

4. R.D. Pea, « The Development Of Negation In Early Child Language », dans D.R. Olson (dir.), *The Social Foundations of Language & Thought: Essays in Honor of Jerome S. Bruner*, New York, W.W. Norton, 1980, p. 156-186. Ici, p. 165-166.

le temps présent. Il y a, entre l'interdiction et le rejet, l'écart qui existe entre l'homme qui protège ses cultures par un épouvantail et les corbeaux qui s'éloignent à la vue de celui-ci. L'homme prévoit les dommages et cherche à préserver ses récoltes en interdisant l'accès à son champ par l'installation d'un leurre. Le corbeau est supposé refuser le danger par un comportement de fuite, à la vue de l'épouvantail. Nos aversions physiques sont telles que certains de nos refus immédiats ne sont pas fondamentalement différents de ce réflexe de fuite. On peut nous objecter que le corbeau ne crie pas « Non ! » quand il rebrousse chemin et que le rapprochement est par conséquent douteux. Nous répondons que la seule chose douteuse reste l'emploi du langage lorsqu'il s'agit de fuir ou de repousser ce qui nous agresse. Il n'est en revanche pas douteux que tout ce qui provoque un sentiment d'aversion soit décrit négativement et que rejet, fuite ou refus soient cause des expressions négatives qui les expriment. La négation comme rejet est une *réaction*, d'abord vécue immédiatement, avant d'être objet de réflexion grâce au discours.

En s'appuyant sur la représentation évoquée par le mot, l'esprit parvient à se détacher de la présence de ce qui l'entoure pour faire référence à des événements ou à des entités qui ne sont plus, ou qui peuvent exister ultérieurement. En ce sens, on peut comprendre pourquoi Hegel associe pensée et exercice du langage. Dans le style de Hegel, Pariente [1] écrit avec talent que l'intelligence est « la négativité concrète du signe » puisqu'en intériorisant le signe elle donne à nos pensées « un indispensable être-là ».

Certes, le mot permet à l'esprit de dégager du sens, mais comment ? Dans les tout premiers mois de son existence, l'enfant qui baigne dans le flot de sa langue maternelle apprend

---

1. J.-C. Pariente, « Le langage », dans D. Kambouchner (dir.), *Notions de philosophie*, Paris, Gallimard, 1995, p. 365-422. Ici, p. 397.

des unités de sens à l'aide de mécanismes complexes où sensibilité et affectivité jouent certainement un rôle majeur. Dans les situations normales, les visages souriants de l'entourage, de la mère et du père seront associés à la répétition des mots : « maman », « papa », « lait », « dodo », « doudou », etc. Il n'y a rien d'étonnant à ce que le rejet soit la première signification acquise de la négation, car l'interdiction – le plus souvent faite pour protéger l'enfant d'un danger dont il n'est pas conscient, ou pour interdire à l'enfant de faire du mal à un autre enfant – exprimée d'un ton ferme et avec une expression de visage menaçante est le premier usage de la négation que les parents emploient à l'attention de leurs enfants. La négation est donc primitivement associée à un processus d'inhibition [1].

Nous adoptons cette définition que Quine [2] donne du langage parce qu'elle permet de comprendre à la fois sa nature et son mode d'acquisition :

> Le langage est un art social que nous acquérons tous uniquement en reconnaissant le comportement manifeste d'autrui lors de circonstances publiquement identifiables [3].

Cette définition vaut pour n'importe quel langage appris à n'importe quelle période de notre existence [4]. Apprendre une

---

1. Voir B. Russell, *Signification et vérité*, *op. cit.*, chap. XIV, p. 233.

2. W.v.O. Quine, *Relativité de l'ontologie et autres essais*, trad. fr. par J. Largeault, introd. par S. Laugier, Paris, Aubier, 2008 (1969), chap. 2, p. 39.

3. *Ibid.*, chap. 2, p. 39 .

4. On peut penser que cette définition a pour défaut d'être marquée par le behaviorisme, théorie qui fonde la psychologie sur l'étude du comportement observable, aujourd'hui quelque peu passée de mode. Mais pour Quine, le behaviorisme est en linguistique la seule option, ce qui semble contredire la thèse innéiste de Chomsky. Voir W.v.O. Quine, *La poursuite de la vérité*, trad. fr. par M. Clavelin, Paris, Éditions du Seuil, 1999 (1990), p. 96. On remarquera cependant que l'on peut très bien à la fois soutenir avec Chomsky qu'il existe une reconnaissance innée de la *syntaxe*

expression linguistique nécessite qu'on l'identifie dans un premier temps, puis que l'on en saisisse la signification à partir de son usage avant de tenter de l'employer à bon escient. Wittgenstein décrit ainsi l'apprentissage de la négation comme expression du refus :

> Que signifie « comprendre un mot » ? On dit à l'enfant : « non, plus de sucre » et on le lui enlève. Il apprend ainsi la signification du mot « plus ». Si avec les mêmes mots on lui avait tendu un morceau de sucre, il aurait appris à comprendre le mot autrement. (Ainsi, il a appris à employer le mot, mais également à y associer un sentiment déterminé, à l'éprouver de façon déterminée [1].)

En cherchant à illustrer la thèse philosophique selon laquelle la compréhension de la signification d'une expression est donnée par son usage, Wittgenstein donne un exemple qui mérite ici d'être développé. Il est clair qu'en retirant le sucre à l'enfant tout en lui disant « plus de sucre », on ne lui signifie pas l'*absence* (l'inexistence) du sucre, mais l'*interdiction* de prendre encore du sucre. On veut lui dire « non, tu n'auras plus de sucre aujourd'hui ». L'enfant ne s'y trompe pas, car sachant qu'il y a encore du sucre, mais qu'on refuse de lui en donner, il est très probable que sa réaction soit différente de celle qu'elle aurait pu être en réalisant qu'il a mangé tout le sucre et qu'il n'y en a plus.

Lorsque l'enfant entend « non, plus de sucre », il est plausible qu'il apprenne à la fois d'une part l'usage syntaxique

---

chez l'enfant et, avec Skinner et Quine, affirmer que l'acquisition de la *sémantique*, c'est-à-dire du vocabulaire, est socialement conditionnée. Voir N. Chomsky, *Structures syntaxiques*, trad. fr. par M. Braudeau, Paris, Éditions du Seuil, 1979 (1968) ; N. Chomsky, *Le langage et la pensée*, Paris, Payot, 2012 (1972).

1. L. Wittgenstein, *Grammaire philosophique*, sous la dir. de R. Rhees, trad. fr. par M.-A. Lescourret, Paris, Gallimard, 2001 (1969), § 28, p. 72.

correct d'une série de mots français *et*, d'autre part, la signification (la sémantique) des mots qui expriment l'interdiction. Comprendre ainsi le « non », avec des situations, des expressions du visage, etc. c'est le classer comme appartenant à la famille des signes qui, dans un certain contexte, signifient l'interdiction. Naturellement, l'enfant va apprendre à s'opposer à ce « non » qui le brime en répondant « non » à son tour, en rejetant l'interdiction, en d'autres termes en cherchant à interdire l'interdiction [1]. Avant un an, un enfant sait exprimer son refus en secouant la tête, et le mot « non » fait très souvent partie des premiers mots distincts qu'un enfant parvient à prononcer. Les enfants à cet âge (vers un an environ) disent « non » avec un plaisir manifeste et indépendamment de tout contexte de conflit. Cette période est celle où l'enfant commence à comprendre que l'on peut abstraire le signe, véhicule de la signification, de la situation concrète dans laquelle on l'emploie, c'est-à-dire de sa référence singulière. Comme Pariente le souligne avec justesse, l'enfant qui découvre le langage manifeste un plaisir ludique et une curiosité qui le « porte en quelque sorte au-devant de l'univers des signes dont il semble entrevoir la constante disponibilité et l'indéfinie fécondité » [2]. L'espèce humaine est la seule espèce qui applique son intelligence à perfectionner son langage et trouve du plaisir dans l'exercice même du langage. C'est lorsque l'enfant commence à avoir conscience de son corps et à distinguer ses désirs du cours des événements qu'il perçoit, qu'il comprend aussi que l'audition du mot « non » n'est pas un son parmi les autres, mais l'expression d'un mot qui exprime interdiction ou refus. L'expression de l'interdiction le renvoie

---

1. Difficile de ne pas remarquer qu'il y a quelque chose de juvénile dans le slogan paradoxal « il est interdit d'interdire » inventé par le facétieux Jean Yanne, et repris, à la grande surprise de son auteur, par les contestataires de mai 68.

2. J.-C. Pariente, « Le langage », art. cit., p. 396.

à la fois à sa propre subjectivité, mais aussi à celle d'autrui. L'acquisition de la négation verbale est donc bien une des premières étapes du développement de l'intelligence qui a ses racines dans le monde sensoriel.

On aurait donc tort de négliger ce qu'apporte la psychologie pour comprendre ce qu'il convient d'appeler « la négation non logique » exprimée par le rejet. L'expression du rejet a pour cause les sentiments de dégoût [1], de crainte, d'inconfort, en un mot, d'aversion. Nous partageons avec bien d'autres espèces animales la capacité d'exprimer ces sentiments par notre comportement, sans faire usage des mots. En ce sens précis et restreint de la négation entendue comme rejet, il est faux que l'homme soit l'unique créature à pouvoir exprimer le rejet, puisque l'on peut voir des animaux refuser de la nourriture, rejeter un congénère, etc. Ce qui en revanche nous distingue radicalement des autres espèces, c'est notre capacité d'exprimer de bien des manières différentes le rejet de ce qui ne nous convient pas et de mettre des mots sur ces sentiments que l'on peut qualifier de « négatifs ».

Bloom [2] soutient sans doute avec raison la thèse selon laquelle l'enfant a, très tôt, une conception fondamentalement dualiste du monde. Une réflexion sur l'apprentissage précoce négation en tant que rejet ou refus confirme cette thèse. Lorsqu'un très jeune enfant parvient à exprimer sa peur en disant « a peur », parce qu'il ne maîtrise pas encore l'usage du « Je », il montre qu'il est déjà capable de distinguer cette peur qu'il ressent de l'objet qui la provoque (par exemple l'individu déguisé en père Noël) et dont il veut s'éloigner.

---

1. Sur le dégoût, voir P. Bloom, *Descartes' Baby: How the Science of Child Development Explains What Makes Us Human*, Arrow Books Ltd, 2005, chap. 6, p. 172-203.
   2. *Ibid.*, p. 13-14.

Au chapitre XIV de *Signification et vérité*, Russell affirme que les termes logiques, dont la négation fait partie, sont nécessaires pour exprimer l'état du locuteur et que nous entretenons sur eux une théorie « indûment verbale », c'est-à-dire une théorie qui a le tort, du point de vue de la théorie de la connaissance, d'avoir largué les amarres de l'expérience sensorielle et psychologique. Mais en voulant illustrer par un exemple amusant une expression animale de la négation, Russell semble être lui-même encore trop proche d'une théorie encore trop purement descriptive et logique de la négation. Voici cet exemple :

> Un jour, j'ai élevé des pigeons et j'ai constaté qu'ils étaient des modèles de vertu conjugale. Mais j'ai introduit une fois une femelle nouvelle fort semblable à celle du couple précédent. Le mari confondit la nouvelle femelle avec son épouse et se mit à roucouler autour d'elle. Soudain, il découvrit son erreur et parut tout aussi embarrassé qu'un homme le serait dans des circonstances semblables. On aurait pu exprimer son état d'esprit dans les termes suivants : « Ce n'est *pas* ma femme ». Les impulsions motrices associées à la croyance que c'était son épouse furent soudainement inhibées. La négation exprime un état d'esprit dans lequel certaines impulsions existent, mais sont inhibées.

Si l'on envisage, comme il semble raisonnable de le faire, le rejet comme la réaction psychophysiologique qui est exprimée à la fois par des comportements accompagnés ou non d'une expression verbale, alors il apparaît clairement que la façon dont Russell rend compte du comportement du pigeon souffre du défaut d'en forcer la traduction logique. Lorsque Russell met dans le bec du pigeon l'expression « ce n'est *pas* ma femme » il est assez clair qu'il entend par là « il est *faux* que ce soit ma femme ». Le fait de prendre au sérieux le rejet comme expression primitive de la négation a pour avantage théorique de permettre d'éviter cet anthropocentrisme. Russell sait par expérience que l'homme n'est pas naturellement monogame et que par conséquent sa comparaison ne tient pas vraiment. Si l'on tient à trouver une situation humaine similaire à l'expérience de Russell, il serait peut-être plus judicieux d'imaginer un homme hétérosexuel qui, très tardivement, réalise que l'individu qu'il pense avoir séduit est en réalité un travesti. Cette expérience de pensée permet de comprendre la nature de la négation en tant que rejet, et comme nous allons revenir de temps en temps sur le cas de cet homme, nous l'appellerons Dominique. On peut imaginer qu'un certain nombre d'hommes mariés placés dans la situation du pigeon trouvent du plaisir à être en compagnie d'une nouvelle femme ; c'est le cas de Dominique. Mais réalisant qu'il est en présence d'un travesti, on peut imaginer qu'il ne puisse s'empêcher de lui dire « mais tu n'es pas une femme ! », exprimant plus sa réaction de recul que son sens du jugement et son tact. Ce point va nous permettre de comprendre la différence réelle qui existe entre la « négation-rejet » et la « négation-échec » que nous aborderons dans la section suivante.

Avant d'aborder ce second aspect de la négation, nous pouvons maintenant définir plus facilement ce que l'on entend par « signification », puisque l'on a distingué trois significations fondamentales de la négation[1]. Définir ce que signifie le terme de « signification » est un exercice à la fois difficile et périlleux, car c'est un sujet de polémique philosophique. Commençons donc par une remarque polémique.

Dans « Deux dogmes de l'empirisme », Quine trouve une métaphore intéressante pour définir la signification :

> Pour Aristote, les choses avaient une essence ; mais seules les formes linguistiques ont une signification. La

---

1. Cf. *supra*, p. 10.

signification, c'est ce que devient l'essence, une fois divorcée de l'objet de la référence et remariée au mot [1].

Les raisons pour lesquelles Quine critique l'essentialisme d'Aristote ne peuvent pas être expliquées ici [2]. On peut simplement dire que Quine répudie les significations de l'univers des entités. Les significations ne sont pas des objets ; c'est la raison pour laquelle Quine soutient que la science se porte mieux en renonçant à tout engagement ontologique à l'égard des significations, car les significations n'existent pas comme existent Pierre, Paul, Jacques. Quine tombe donc d'accord avec Wittgenstein pour dire que la signification d'une expression se définit par son usage [3].

Il est clair que Quine va trop loin lorsqu'il affirme que « seules les formes linguistiques ont une signification ». En réalité, nous attribuons tous les jours des significations à bien d'autres signes qu'à des formes linguistiques. Aucun bon joueur de poker ne soutiendra que seuls les mots prononcés durant une partie sont significatifs et que les attitudes, les gestes, le ton de la voix ne signifient rien. Si nous réfléchissons aux relations sociales que nous vivons tous quotidiennement, nous aurons au contraire du mal à définir ce qui n'a pas de signification, ce que nous n'interprétons pas chez autrui comme une information dont nous tenons compte plus ou moins consciemment. Le sourire ou l'absence de sourire, l'allure du pas, le soin ou l'absence de soin apporté à la tenue vestimentaire sont autant d'éléments que nous remarquons et dont nous tenons compte en fonction de l'intérêt que l'on porte

1. W.v.O. Quine, *Du point de vue logique : Neuf essais logico-philosophiques*, sous la dir. de S. Laugier, Paris, Vrin, 2004 (1953), p. 52.

2. Pour une introduction à la lecture de Quine, voir J.-M. Monnoyer (dir.), *Lire Quine : logique et ontologie*, Paris, Éditions de l'éclat, 2006.

3. W.v.O. Quine, *Quiddités : dictionnaire philosophique par intermittence*, trad. fr. par D. Goy-Blanquet et T. Marchaisse, Paris, Éditions du Seuil, 1992 (1987), art. « Signification », p. 217-220.

à ceux que nous rencontrons. On ne peut pas restreindre la signification aux formes linguistiques sans amputer du même coup le concept d'interprétation et sans développer une théorie de la connaissance qui soit, pour reprendre le mot de Russell, « indûment verbale ».

Si ce qui a été développé jusqu'à présent est suffisamment clair, le lecteur aura compris que la plupart des causes de l'expression d'une négation-rejet ne sont pas verbales, et que l'expression du rejet n'est elle-même pas nécessairement exprimée à l'aide de mots. Il y a des gestes, des attitudes, des silences, qui expriment le rejet. Tant de signes peuvent être interprétés comme des expressions de rejet que les sensibilités les plus aiguës tombent parfois dans des délires interprétatifs qui confinent à la paranoïa. Si bien que, si l'on accepte de définir comme on vient de le faire cette modalité de la négation qu'est le rejet, il est difficile d'en tracer les frontières de façon précise. On peut cependant achever cette section sur une définition de la négation-rejet qui a pour fonction de distinguer la négation-rejet des autres modalités de la négation :

DÉFINITION 1 (*négation-rejet*). Pour tout $x$ qui est interprété comme une réaction négative à une cause $y$, on peut dire que $x$ est une négation-rejet si et seulement il est possible d'interpréter $x$ comme un rejet, *sans faire appel à un langage-objet auquel une négation grammaticale s'applique.*

L'exemple de Dominique correspond parfaitement à la Définition 1 : son hétérosexualité explique un rejet que l'on peut traduire par un simple « non ! » sans pour autant rendre la situation inintelligible. De même, l'employé d'un établissement qui s'adresse à quelqu'un en lui disant : « votre tenue n'est pas correcte » indique avant tout qu'il refuse l'entrée à la personne à laquelle il s'adresse, parce qu'il considère que celle-ci ne peut pas entrer en raison des normes définissant la tenue correcte exigée par l'établissement. Si son expression négative est une négation grammaticale, on peut cependant imaginer qu'une machine disposant d'un modèle de la tenue correcte exigée interdise l'accès à tout individu dont les vêtements ne correspondent pas au modèle. L'énoncé qui accompagnerait le blocage de l'accès deviendrait facultatif, mais l'interdiction resterait intelligible. La négation-rejet est bien la signification primitive de la négation, car même un refus dénué d'explication peut être interprété comme une négation-rejet, c'est-à-dire comme un simple « non » [1].

## QU'EST-CE QUE LA NÉGATION PAR L'ÉCHEC ?

Reprenons le cas de Dominique qui s'écrie « tu n'es pas une femme ! ». C'est à l'évidence un exemple de négation-rejet. Mais on pourrait soutenir que c'est aussi une négation qui exprime l'échec d'une croyance et polémiquer au sujet de l'obscurité de la distinction entre une négation qui exprime un rejet et une négation provoquée par un échec. En effet, il est vrai qu'une négation-rejet peut être exprimée sous forme de ce que l'on appelle la « négation par l'échec », que l'on désignera ici, pour faire court, par l'expression de « négation-échec » [2] ;

1. À la lecture de B. Russell, *Signification et vérité*, *op. cit.*, p. 76, on peut remarquer une faute intéressante du traducteur qui fait dire à l'auteur
    Le mot « non » (ne ... pas) n'a de signification que lorsqu'il est attaché à une phrase, et c'est pourquoi il présuppose le langage.
En réalité, Russell écrit (p. 64 de l'édition Georges Allen & Uwin, 1980) :
    The word "not" is only significant when attached to a sentence, and therefore presupposes language.
Il va de soi qu'en français et en anglais « non » et « no » n'ont pas besoin d'être attachés à une phrase pour être significatifs. Russell parle de ce que Devaux a mis entre parenthèses, c'est-à-dire la négation verbale « ne ... pas ». Par contraste, on comprend donc que la négation refus n'est pas nécessairement verbale.
    2. Cette expression traduit l'expression anglaise consacrée de *negation as failure*.

mais nous allons voir que la distinction entre ces deux types de négation peut-être maintenue, grâce à une définition claire et distincte de cette dernière. Insistons sur le fait qu'à la limite, la négation-rejet pourrait être illustrée par un Dominique brutal qui, sans dire mot, rejette hors de chez lui le travesti qu'il avait invité un peu plus tôt. En revanche, l'expression de la négation-échec ne peut en aucun cas être non verbale ; toute la question reste de savoir comment on l'exprime et comment on la définit.

La négation-échec ne peut pas être exprimée simplement par « non »[1], car elle résulte d'une recherche qui échoue et qui, en échouant, rend vrai l'énoncé qui nie le succès de la recherche. La première différence entre négation-échec et négation-rejet réside dans le fait que celle-ci exprime une connaissance par expérience directe alors que celle-là relève de la connaissance par description. Cette distinction faite par Russell[2] entre ces deux genres de la connaissance humaine permet de voir plus clairement que, si nous comprenons plus facilement la réaction de rejet chez Dominique, que celle de ce pigeon élevé par le philosophe anglais, c'est que la connaissance par expérience directe exprimée par un homme nous apparaît toujours plus transparente, en raison de l'empathie dont nous sommes capables à l'égard de nos congénères. Mais la connaissance par description va au-delà de l'empathie ; pour être vraiment comprise, elle nécessite une intelligence du langage utilisé pour son expression. La négation-échec ne devant pas être confondue avec la négation logique, l'explication de sa nature doit reposer une description conceptuelle de la logique de son fonctionnement.

Pour commencer, notons que la négation-échec est une façon d'exprimer, d'une manière à la fois plus précise et plus abstraite, l'une des trois significations fondamentales de la

---

1. À la différence de la négation-rejet, voir note 1, page 25.
2. B. Russell, *Problèmes de philosophie*, trad. fr. et introd. par F. Rivenc, Paris, Payot, 1989 (1912), chap. v, p. 69-82.

négation, à savoir la signification (1), c'est-à-dire l'absence de l'objet dont on parle [1]. Les linguistes et les éthologues ont remarqué que notre espèce dispose d'un langage qui, à la différence des modes de communication qui existent chez les autres espèces, nous permet de faire référence à des entités qui n'existent pas, ou plus, ou pas encore [2]. On a remarqué aussi que, si la négation-rejet est indubitablement comprise par l'enfant avant qu'il soit capable à son tour de l'exprimer verbalement, c'est, dans le développement *verbal* de l'enfant, l'usage de la négation pour exprimer l'absence de l'objet qui apparaît avant les autres expressions de la néga-tion [3]. Cela s'explique facilement par le fait que les enfants savent déjà exprimer le refus par le geste (en secouant la tête), mais qu'il est beaucoup plus difficile, pour eux comme pour nous, d'exprimer de cette façon l'absence de la chose dont on parle.

Remarquons que cette fonction de la négation fait appa-raître les liens qui existent entre imagination, affectivité et langage : lorsque le son *maman* est saisi par l'enfant comme le mot à l'aide duquel il désigne sa mère, l'expression néga-tive « maman pas là » permet d'exprimer l'absence de sa mère, sans que jamais soit confondues la référence, c'est-à-dire sa mère en chair et os, la signification du mot « maman », et celle de l'expression « maman pas là ». Enfin, il n'est pas besoin de beaucoup de psychologie pour comprendre qu'un enfant exprimera spontanément l'absence des individus qu'il connaît et auquel il est attaché. On peut s'amuser avec lui, lorsqu'il

1. Cf. *supra*, p. 10.
2. U. Liszkowski, M. Schäfer, M. Carpenter et M. Tomasello, « Pre-linguistic infants, but not chimpanzees, communicate about absent enti-ties », *Psychological Science* 20.5 (2009), p. 654-660.
3. Vers un an, l'enfant de langue anglaise dit « gone » pour exprimer le « pas là » de l'enfant qui s'exprime en français. Voir R.D. Pea, « The Development Of Negation In Early Child Language », art. cit., p.168.

apprend à parler, à lui faire remarquer l'absence des êtres qui lui sont chers, sous une forme d'énumération ludique :

— Mamie ?
— Pas là.
— Papy ?
— Pas là.
— …

On peut imaginer que l'enfant s'arrêtera de répéter « pas là » et restera interloqué si on l'interroge sur la présence de quelqu'un dont il ignore le nom. Mais c'est assez avec la psychologie.

La psychologie seule ne permet pas de comprendre de manière suffisamment précise la négation-échec, car c'est un concept qui appartient aux langages de programmation pour l'intelligence artificielle et dont l'usage est délicat [1]. La définition de la négation-échec montre que celle-ci n'indique pas forcément l'inexistence d'un objet auquel on fait référence, car ce que définit la négation-échec est à la fois plus précis et plus abstrait : admettons que le mot *individu* dénote un individu quelconque et le mot *prédicat* un prédicat quelconque, le fait que *individu* n'existe pas dans la liste des arguments qui sont vrais de *précidat* dans une base de connaissance, conduit à un énoncé formel, *non(prédicat(individu))*, exemple d'une négation-échec. Pour le dire de façon non formelle, Dominique a reconnu d'une certaine façon que son invité a toutes les qualités apparentes d'une femme séduisante, *sauf* la qualité (c'est-à-dire le prédicat) d'être de sexe féminin.

---

1. On n'entrera pas dans le détail des difficultés que soulève la négation-échec lorsqu'on l'utilise dans les programmes Prolog, comme le fait qu'elle peut conduire à des conclusions qui sont logiquement incorrectes. Sur ce point voir L. Sterling et E. Shapiro, *L'art de Prolog*, préface de D.H.D. Warren, trad. fr. par M. Eytan, Paris, Dunod, 1990 (1986), p. 163-165 et P. Blackburn, J. Bos et K. Striegnitz, *Prolog, tout de suite !*, trad. fr. par H. Manuélian, Londres, College publications, 2007 (2006), p. 208-212.

La négation-échec est un outil précieux, puisqu'elle permet d'exprimer dans un programme Prolog des concepts aussi utiles que l'exception, la différence, la disjonction, la condition négative, etc., comme l'explique Gacôgne, dans un texte où il donne la définition en langage Prolog de ce concept crucial :

> Le problème qui se pose pour la négation [*par l'échec*] est que le « faux » est remplacé par le concept de « non prouvable ». Cette négation n'est donc qu'une « négation par l'absence », elle peut être simulée par les deux clauses dont l'ordre est indispensable :
>
> ```
> not(P):- P, !,fail.
> not(P).
> ```
>
> En effet, la première clause signifie que si $P$ est attesté, alors la coupure [1] cessera toute recherche ultérieure et l'impasse *fail* forcera la tête $not(P)$ à être fausse. La seconde clause indique que si $P$ n'est pas présent dans la base de connaissance, alors $not(P)$ est vrai [2].

Avant de donner une définition de la négation-échec dans un langage non formel, revenons sur ce que dit Gacôgne à son sujet. Il est embarrassant de dire comme il le fait que le *problème* est que cette négation *remplace* le faux par le « non prouvable » et que cette négation *n'est qu'une* « négation par l'absence ». Ce qu'il écrit soulève en effet deux questions :

(1) les preuves de la plupart des énoncés négatifs ne sont elles pas fondées, en dernière analyse, sur la perception d'une absence ? Si tel est le cas,

---

1. La coupure est indiquée par le point d'exclamation ; elle est d'un usage délicat et un sujet particulièrement important dans la programmation Prolog.
2. L. Gacôgne, *Prolog : programmation par l'exemple*, Paris, Éditions Hermann, 2009, p. 56.

(2) quels sont les énoncés négatifs qui impliquent une preuve différente du simple constat de l'absence de preuve ?

Il y a des raisons solides en faveur d'une réponse affirmative à la première question. Remarquons tout d'abord que l'on peut multiplier sans peine les exemples où, quotidiennement, nous considérons que le constat empirique de l'absence est une preuve suffisante de l'énoncé négatif qui indique cette absence. Imaginons qu'un agent de sécurité nous demande de vider nos poches ; il serait inquiétant que, voyant toutes nos poches vides, il insiste en criant : « je veux une preuve que vous n'avez rien dans vos poches ! » On s'inquiéterait à raison de la santé mentale d'un individu qui douterait toujours des preuves empiriques des énoncés négatifs lorsque celles-ci reposent sur le constat de l'inexistence de ce que l'on cherche. Un tel individu aurait par ailleurs comme symptôme celui d'être incapable de trouver un objet perdu et d'être rapidement réduit à la paralysie parce qu'il serait insensible à la contradiction logique. Imaginons que ce même agent de sécurité vide les tiroirs de son bureau pour y chercher ses clés, puis contemple longuement les tiroirs vides sans dire un mot. Son collègue inquiet l'observe et lui dit :

— Tu vois bien que tes clés ne sont pas dans ces tiroirs.

C'est alors qu'il répond :

— Le fait que ces tiroirs soient totalement vides n'est pas une preuve que mes clés ne sont pas dans ces tiroirs.

Une telle réponse est évidemment délirante. On verra plus loin que le tort de certains philosophes est d'être eux aussi insensibles à la contradiction logique.

Le propos de Gacôgne repose sans doute sur l'idée qu'il existe des situations où nous déclarons qu'un énoncé est faux en raison d'une preuve ou d'un indice de sa fausseté, ce qui est différent de la seule absence de ce que l'on cherche. En effet, on pourrait objecter qu'il existe des situations où l'on sait qu'un énoncé $A$ est faux en raison de la connaissance d'une situation opposée qui exclut, pour ainsi dire *positivement*, la vérité de $A$. Par exemple, Dominique sait que sa conquête n'est pas une femme parce qu'il a vu que c'est un homme. On dit aussi que le temps n'est pas beau quand il pleut, ou quand la température extérieure est froide, ou quand le ciel est sombre. Mais s'agit-il d'exemples comparables ? On pourra du reste toujours soutenir que c'est l'absence de sexe féminin chez $X$ qui rend vrai le jugement « $X$ n'est pas une femme », comme l'énoncé « le temps n'est pas beau » traduit habituellement l'absence de soleil. La question n'est pas neuve. Dans les *Méditations* [1], Descartes s'interroge sur les idées qui ont une « certaine fausseté matérielle », qui proviennent des affections de nos sens au contact des choses, comme le sentiment du froid, ou le sentiment du chaud, qui en raison de notre manque d'attention, nous font attribuer aux choses des qualités objectives qui en réalité sont des effets de notre constitution [2]. Il y a bien une différence irréductible entre les jugements négatifs qui traduisent un défaut de perception, et les jugements négatifs qui s'appuient sur une connaissance objective et positive des choses [3].

Remarquons que l'analyse que nous venons de faire ne nous conduit pas à rejeter l'hypothèse selon laquelle la perception de cette absence ou de cette inexistence suffit à prouver les énoncés négatifs. On doit en revanche nécessairement admettre

---

1. R. Descartes, *Méditations métaphysiques*, introd. par M. Beyssade et J.-M. Beyssade, Paris, Garnier-Flammarion, 1979 (1641), Méditation troisième, p. 113.

2. Voir M. Guéroult, *Descartes selon l'ordre des raisons*, Paris, Aubier, 1991 (1968) t. 2, chap. XVI à XVIII, « Du vrai et du faux dans les région du sens », p. 157-218.

3. Les deux expressions conditionnelles qui suivent sont des exemples de ce dernier type de jugement : « si un individu $D$ est de sexe masculin, alors $D$ n'est pas de sexe féminin », « si une figure est un cercle, alors elle n'a pas d'angle droit ».

une distinction entre énoncés subjectifs et énoncés objectifs d'une part, et d'autre part, entre absence occasionnelle et absence constante, le terme d'«absence» pouvant ici être considéré comme synonyme de «fausseté de la présence» ou de «fausseté de l'existence». Le problème que voit Gacôgne dans le fait de définir la négation par la négation par l'absence tient dans le fait que l'absence d'information n'est pas synonyme de fausseté, mais d'incertitude. Une information incertaine n'est, par définition, ni prouvée ni réfutée. Or un énoncé négatif correspondant au schéma «$S$ n'est pas $P$» est spontanément traduit par «il est faux que $S$ soit $P$». C'est pourquoi il est nécessaire de mettre en garde celui qui s'initie à Prolog sur la signification exacte de la négation dans ce langage, car il suffit que j'écrive un fichier *humain.pl* composé de cette seule ligne où j'exprime mon humanité :

```
humain(moi).
```

et qu'après compilation de ce programme minuscule, j'interroge Prolog pour savoir si Jacques est humain, pour que j'obtienne la réponse suivante :

```
?- humain(jacques).
false.
?- not(humain(jacques)).
true.
```

En réalité, comme le souligne Bratko[1] après avoir donné cet exemple, la réponse du programme ne signifie pas que l'individu nommé n'est pas humain, mais que le programme ne dispose pas d'informations pour répondre par *true* à la question de savoir si un autre individu que «moi» est humain. Pour répondre à la requête qui a *not(humain(jacques))* pour *input*, le programme cherche une preuve de l'énoncé *humain(jacques)*,

---

1. I. Bratko, *Prolog Programming for Artificial Intelligence*, Harlow, Pearson Education, 2012 (1986), chap. 5, p. 127-131.

et comme il n'en trouve pas, il affirme le succès de la requête. Ainsi s'explique que cet *input* soit suivi de *true* comme *output*. On a ici un exemple et une explication du succès d'une négation par l'échec.

Enfin, il faut noter un dernier point important au sujet de la négation-échec : si « moi » désignait vraiment le seul être humain, il n'y aurait rien de surprenant à la réponse de ce programme (à la condition évidemment que ce moi ne s'appelle pas Jacques). Les bons manuels sur Prolog rappellent tous ce point fondamental : la négation par l'échec est fondée sur l'*hypothèse du monde clos*, au sens où la correction et la complétude de la déduction de Prolog ne sont préservées qu'à la condition que la base de connaissance représente un univers fini où ni le nombre ni le contenu des informations ne changent [1].

Il est facile de comprendre pourquoi, si cette hypothèse du monde clos n'est pas respectée, la négation-échec rend *non monotone* la relation de conséquence logique. Cette relation est dite « monotone » si et seulement si ce qui a été prouvé reste définitivement prouvé. Renonçons à l'hypothèse du monde clos et ajoutons dans notre fichier *humain.pl* la ligne suivante :

```
humain(jacques).
```

---

1. Il faut avertir le lecteur que cette question qui touche la programmation logique est plus compliquée que le tableau qu'on peut donner ici : une des conditions pour que l'application de la négation-échec soit correcte, est qu'elle ne s'applique qu'à des buts de base (*ground terms*), c'est-à-dire à des termes qui ne comportent pas de variables ; ajoutons que si un but *b* a pour conditions un ensemble de clauses dont l'une est négative, celle-ci doit être mentionnée à la fin de la liste des conditions de *b*, sinon le programme est incorrect, pour une raison qui tient à la procédure de preuve d'un programme Prolog. Voir L. Sterling et E. Shapiro, *L'art de Prolog*, *op. cit.*, p. 88-89, 163-165.

À la question de savoir s'il est vrai que jacques n'est pas humain, on obtiendra une réponse qui, évidemment, contredira la réponse précédente :

```
?- not(humain(jacques)).
false.
```

Nier l'hypothèse du monde clos revient donc aussi à renoncer à la monotonie des inférences logiques que l'on peut faire à partir des connaissances que l'on obtient sur le monde.

Les caractéristiques fondamentales de la négation-échec viennent d'être exposées par l'analyse qui précède. On peut donc maintenant donner une définition de la négation-échec qui permet, comme on va le voir, de répondre avec certitude à la question 1 de la page 29 :

DÉFINITION 2 (*négation par l'échec*). Un énoncé *not*($G$) est l'expression d'une négation par l'échec si et seulement si *not*($G$) peut être décrit comme la conséquence logique d'une recherche $P$, qui est finie dans le temps comme dans l'espace, et qui ne vérifie pas $G$. Autrement dit, un but *not*($G$) est impliqué par un programme $P$, par la règle de la négation par l'échec, si $G$ est dans l'ensemble des échecs finis de $P$[1].

Le constat de l'inexistence de $b$ dans un monde fini suffit à prouver les énoncés négatifs que l'on peut faire au sujet de l'existence de $b$ comme de ses propriétés, dans une logique du premier ordre, ce qui répond donc à la première question. Mais il reste à répondre à la question 2 qui est de savoir s'il y a des énoncés négatifs qui impliquent une preuve plus forte que le simple constat de l'absence de preuve. Une réponse positive à cette question est donnée dans la section suivante. Ces énoncés négatifs sont ceux où la négation peut être définie comme *négation logique*.

---

1. L. Sterling et E. Shapiro, *L'art de Prolog, op. cit.*, p. 88-89.

## QUELLE DÉFINITION LOGIQUE POUR LA NÉGATION ?

*Mérites de la négation vérifonctionnelle* [1]

Dans la section précédente, nous avons analysé la négation par l'échec, c'est-à-dire la négation dont nous faisons usage pour exprimer l'absence d'un individu, d'une propriété ou d'un événement attendu. Nous avons expliqué pourquoi la simple perception de l'absence pouvait être une justification suffisante de l'usage de la négation par l'échec, bien que dans de nombreuses situations, la perception de la réalité offre une justification supplémentaire qui *exclut* la réponse positive, comme le montre ce dialogue imaginaire :

— Êtes-vous mariée ?

— Je suis célibataire.

— Êtes-vous majeure ?

— J'ai 17 ans.

Si les deux individus de ce dialogue imaginaire partagent le même contexte linguistique et social, alors ils se comprennent et la personne qui répond n'a pas besoin de faire usage de la négation pour faire comprendre à son interlocuteur qu'à

---

1. Nous avons rejeté toutes les formules logiques dans les notes en bas de pages et avons employé une notation standard. Les symboles $\neg$, $\wedge$, $\vee$, $\rightarrow$, $\leftrightarrow$, $\forall$, $\exists$, $\Box$, $\Diamond$, $\bot$, $\top$, représentent respectivement la négation, la conjonction, la disjonction, l'implication, l'équivalence, la quantification universelle, la quantification existentielle, la nécessité, la possibilité, la constante du faux et celle du vrai. Les signes du métalangage $\vdash_i$ et $\vdash_c$ dans l'expression $\vdash_i A$ ou $\vdash_c A$ veulent respectivement dire que $A$ est prouvable en logique intuitionniste (**LI**) ou prouvable en logique classique (**LC**). Le symbole $\nvdash_i$ veut dire « $A$ n'est pas prouvable en logique intuitionniste », tout comme l'expression symbolique $?A$. Toute formule prouvable en **LI** étant aussi prouvable en **LC**, $\vdash_c A$ signifie implicitement que *n'est pas* prouvable en **LI**, mais uniquement en **LC**.

chaque fois la réponse est négative, parce que l'information qu'elle donne exclut la réponse positive à la question posée[1].

S'il n'y a rien de choquant à ce que la négation par l'échec soit justifiée par la simple perception de l'absence de l'objet de la référence, c'est que nous interprétons spontanément un énoncé négatif $\neg A$ comme signifiant « il n'est pas vrai que $A$ ». Il faut cependant prendre garde à ne pas confondre négation et fausseté. En effet, bien des énoncés négatifs sont vrais parce qu'ils corrigent des affirmations fausses. On est victime d'un oubli comparable lorsqu'en imaginant l'infinité des possibles, on est tenté de croire qu'il existe beaucoup plus d'énoncés faux que d'énoncés vrais, en raison d'un réalisme spontané et naïf qui nous pousse à penser qu'un énoncé n'est vrai qu'à la condition qu'il dise ce qui existe, et non ce qui est possible, comme si un énoncé qui exprime ce qui est possible ne pouvait pas être vrai. En se fondant uniquement sur une loi de la logique classique, Quine – qui pourtant soutient le réalisme et n'a aucun goût pour les mondes possibles – montre que cette croyance ordinaire n'a rien de solide :

> Les énoncés vrais sont aussi nombreux que les faux puisque chaque énoncé faux admet un négation qui est vraie[2].

Cette remarque de Quine s'accorde avec ce que souligne finement Austin[3] : un langage qui a prise sur le monde fait un usage conjoint de l'affirmation comme de la négation qui sont, en ce sens, à mettre sur un pied d'égalité ; c'est pourquoi

1. Ce point n'est pas sans rapport avec une célèbre remarque de Spinoza : la détermination est négation, ce que Hegel a ensuite traduit sous la forme d'un énoncé universel : « toute détermination est négation ».
2. W.v.O. Quine, *Méthodes de logique*, trad. fr. M. Clavelin, Paris, A. Colin, 1984 (1950), p. 11.
3. J.L. Austin, *Philosophical papers*, sous la dir. de J.O. Urmson et G.J. Warnock, London, Clarendon Press, 1979 (1961), p. 128-129.

une théorie de la vérité doit pouvoir traiter également de la fausseté en la traitant comme la négation de la vérité. Le fait d'être faux pour un énoncé, précise encore Austin [1], n'est pas de correspondre à un « non-fait », mais de *mal correspondre* à un fait. Si un énoncé déclaratif est faux quand il *correspond mal* au fait auquel il fait référence, un énoncé déclaratif est vrai quand la réalité *correspond bien* à ce qu'il décrit.

Comme on va le voir pour le cas du traitement de la négation, la logique classique a pour avantage de développer un maximum de conséquences à partir d'un minimum de principes très simples. Ces principes soulèvent évidemment questions et polémiques philosophiques. Mais avant toute critique, il faut les comprendre comme les conditions de possibilité de la logique classique du premier ordre, outil très puissant pour toute discipline qui fait usage du raisonnement rigoureux, et au sein duquel la négation joue un rôle tout à fait remarquable. Pour comprendre le traitement de la négation en logique classique, il faut garder à l'esprit que cette dernière est fondée sur

(*i*) le **principe de bivalence**, c'est-à-dire le fait d'admettre que tout énoncé déclaratif est vrai ou faux *de manière déterminée* et indépendamment des moyens que nous avons pour trancher l'alternative [2] ;

(*ii*) le **principe d'atomicité**, qui admet dans le langage des énoncés déclaratifs que l'on dit « atomiques », parce qu'ils sont dénués de tout *connecteur* propositionnel, ce qui signifie qu'ils ne sont ni l'objet d'une négation ni décomposables en énoncés distincts et mis en relation dans des expressions comme « $A$ et $B$ », « $A$ ou $B$ », « si $A$, alors $B$ », « $A$ si et seulement si $B$ », ces

1. *Ibid.*, p. 129, n. 1.
2. N. Tennant, *The Taming of the True*, Oxford, Clarendon Press, 1997, p. 36.

derniers énoncés composés étant appelés, par contraste,
« énoncés moléculaires » [1] ;

(*iii*) l'**interprétation vérifonctionnelle** des connecteurs qui
stipule que le connecteur principal de tout énoncé
moléculaire a toujours une valeur de vérité qui est
fonction de la valeur de vérité de ses composants.

Restall [2] remarque qu'à proprement parler, la négation en
logique classique n'est pas un *connecteur*, mais un *opérateur*
qui, apposé à une proposition, en donne une autre, à savoir la
négation de la proposition en question. Beall [3] semble répondre
à Restall en écrivant que la négation est un connecteur *unaire*, à
la différence des autres qui sont *binaires*. Ce point de termino-
logie peut se régler en observant la négation avec les lunettes
de la logique classique. Ce qui donne raison à Restall, c'est
qu'à la différence des autres connecteurs, la négation peut
s'appliquer à la constante du vrai comme à celle du faux,
pour donner à chaque fois un résultat qui est l'inversion de
la constante à laquelle la négation s'applique [4]. Il faut aussi
remarquer que la négation appliquée à elle-même se supprime,
appliquée au vrai donne le faux et au faux donne le vrai, appliquée à la conjonction donne la disjonction et à la disjonction donne la conjonction, et enfin, appliquée au conditionnel
donne une conjonction composée de l'affirmation de l'antécédent et de la négation du conséquent.

Enfin et surtout, on peut considérer *la négation comme une
notion primitive pour la logique classique*, car avec elle et tout

---

1. En logique du premier ordre, les atomes sont les variables propo-
sitionnelles et les prédicats à $n$ arguments, ceux-ci étant des variables ou
des constantes. J. Barwise et J. Etchemendy, *Language, proof and logic*,
*op. cit.*, Section 9.1, p. 228-229.

2. G. Restall, *Logic: an introduction*, Londres-New York, Routledge,
2006, p. 26-27.

3. J.C. Beall, *Logic: the basics*, Londres, Routledge, 2010, p. 15.

4. $\neg\top = \bot$ ; $\neg\bot = \top$.

autre connecteur binaire, on peut définir tous les autres connecteurs binaires du calcul propositionnel[1]. Négation, conjonction et disjonction constituent un système complet de connecteurs[2] à l'aide duquel on peut, pour toute formule où il y a des conditionnels ou des biconditionnels, donner une formule équivalente où ceux-ci ont été supprimés, ce qui constitue, comme on va le voir, une étape dans une méthode de décision qui utilise la dualité.

En calcul propositionnel, deux formules sont dites *duales* si et seulement si leurs analyses de vérité respectives sont les mêmes[3], à la condition d'une totale permutation de la distribution du vrai et du faux sur toutes les formules atomiques. Toute formule atomique négative est donc à elle-même sa propre duale : $\neg A$ est vraie si et seulement si $A$ est fausse, et $\neg A$ est fausse si et seulement si $A$ est vraie. Quine[4] définit cinq lois pour le calcul propositionnel classique, qu'il appelle « lois de dualité » :

(d.1) On obtient la duale de n'importe quelle formule $S$ en traduisant dans un premier temps, à l'aide de la négation, de la conjonction et de la disjonction, tous les conditionnels et biconditionnels, si $S$ en comporte, puis en permutant l'ensemble des conjonctions et disjonctions du résultat final.

(d.2) Sans même se donner la peine de traduire conditionnels et biconditionnels, on peut obtenir la duale de n'importe quelle formule en niant toutes les formules

---

1. J. von Plato, *Elements of Logical Reasoning*, Cambridge, Cambridge University Press, 2013, p. 90.

2. R. Cori et D. Lascar, *Logique mathématique : cours et exercices corrigés*, introd. par J.-L. Krivine, t. 1, Paris, Dunod, 2005 (1993), chap. 1, § 3.6, 3.7.

3. L'analyse de vérité d'une formule en logique classique est donnée par sa table de vérité.

4. W.v.O. Quine, *Méthodes de logique*, *op. cit.*, chap. 12.

atomiques, puis en niant le résultat, car nier les lettres a le même effet que renverser toutes leurs interprétations, et nier l'ensemble du schéma renverse la valeur du résultat[1].

(d.3)  La dualité offre une méthode de décision : une formule est une tautologie si et seulement si sa duale est une contradiction[2].

(d.4)  Un schéma $S_1$ implique un schéma $S_2$ si et seulement si la duale de $S_2$ implique la duale de $S_1$[3], car si, par définition de la conséquence logique, aucune interprétation ne rend $S_1$ vrai et $S_2$ faux, alors par définition de la dualité, aucune interprétation ne rend la duale de $S_1$ fausse et celle de $S_2$ vraie.

(d.5)  Deux formules sont équivalentes, si et seulement si leurs duales le sont, ce qui se déduit de (d.1), puisque l'équivalence est l'implication mutuelle[4].

Le gain de simplicité et d'efficacité algorithmique apporté par la dualité est considérable, et c'est bien la définition de la négation telle qu'elle est donnée par la logique classique qui est au principe de la dualité.

En développant une table donnée par Garson[5], on peut alors écrire un tableau fondamental de la dualité logique, qui

---

1. W.v.O. Quine, *Méthodes de logique*, *op. cit.*, p. 79.

2. $(A \to A) \leftrightarrow (\neg A \vee A)$ ; le dual de $\neg A \vee A$ est $\neg A \wedge A$.

3. Loi classique des contraposées $(A \to B) \leftrightarrow (\neg B \to \neg A)$.

4. Remarquons que chaque membre des deux lois de De Morgan a sa duale dans l'autre loi :

$$\begin{array}{ccll} \neg(A \wedge B) & \leftrightarrow & \neg A \vee \neg B & \text{De Morgan 1} \\ \Updownarrow & & \Updownarrow & \textit{Dualité} \\ \neg(A \vee B) & \leftrightarrow & \neg A \wedge \neg B & \text{De Morgan 2} \end{array}$$

5. J.W. Garson, *Modal logic for philosophers*, Cambridge, Cambridge University Press, 2006, p. 44.

permet de comprendre par analogie la signification propositionnelle que l'on donne d'une part à la quantification universelle et à la nécessité (on affirme qu'une conjonction, finie ou
infinie, est vraie) et, d'autre part, à la quantification existentielle, et à la possibilité (on affirme qu'une disjonction, finie ou
infinie, est vraie). On choisit de désigner la relation de dualité
par le symbole $\leftrightharpoons$, à ne pas confondre avec $\leftrightarrow$, symbole de
l'équivalence [1] :

| | | |
|---|---|---|
| $A$ et $B$ | $\leftrightharpoons$ | $A$ ou $B$ |
| Pour tout $x$ | $\leftrightharpoons$ | Il existe au moins un $x$ |
| Il est nécessaire que ... | $\leftrightharpoons$ | Il est possible que ... |

Puis, parce que la négation en logique classique est involutive (la double négation de $A$ équivaut à l'affirmation de $A$),
on peut écrire les équivalences qui suivent, dans un sens :

$A$ **et** $B$ $\leftrightarrow$ « $A$ est faux **ou** $B$ est faux » est faux

Tout $x$ est $F$ $\leftrightarrow$ Il n'existe pas de $x$ qui ne soit pas $F$

Il est nécessaire que $p$ $\leftrightarrow$ Il n'est pas possible que $p$ soit faux

comme dans l'autre

« $A$ est faux **et** $B$ est faux » est faux $\leftrightarrow$ $A$ **ou** $B$

Il est faux qu'aucun $x$ n'est $F$ $\leftrightarrow$ Au moins un $x$ est $F$

Il n'est pas nécessaire que $p$ soit faux $\leftrightarrow$ Il est possible que $p$

et l'on peut vérifier que la relation de dualité apparaît dans
les diagonales de ces deux derniers tableaux. Cette harmonie
propre à la logique classique permet de simplifier ainsi consi-
dérablement la recherche des conséquences logiques qui sont
décidables à partir de la seule forme des énoncés. On achèvera

---

1. On ne distingue pas ici équivalence et biconditionnel, bien qu'en
toute rigueur on devrait le faire, puisque l'équivalence est la validité du
biconditionnel, voir W.v.O. Quine, *Méthodes de logique*, *op. cit.*, p. 61.

donc ce tableau de la négation en logique classique en insistant sur la simplicité de cette définition et la richesse de ses
conséquences :

DÉFINITION 3 (*la négation en logique classique*). La négation est *vérifonctionnelle et involutive* : vérifonctionnelle parce
que la valeur de vérité de $\neg A$ n'est fonction que de la valeur
de vérité de $A$ (si $A$ est vrai, alors $\neg A$ est faux, et si $A$ est faux,
alors $\neg A$ est vrai), involutive parce que $\neg\neg A$ est équivalent à
$A$ (il est donc toujours correct de réduire la double négation
d'un énoncé à la simple affirmation de l'énoncé lui-même).

Renoncer au caractère vérifonctionnel et involutif de la
négation contraint donc à une révision de lois aussi simples
que l'équivalence de la double affirmation et de l'affirmation,
et aussi utiles que les lois de De Morgan[1]. La résistance à
une telle révision est fondée sur la volonté de préserver des
avantages acquis qui ne sont nullement illusoires, mais on va
voir aussi que, pour la compréhension de la signification de
la négation, on a avantage à comprendre la logique classique
comme un cas particulier de la logique intuitionniste et non
comme une « révision ».

*Limites de la négation vérifonctionnelle*

La logique classique est fondée sur un principe à la fois
très simple et impossible à prouver ; on ne peut que l'admettre
ou refuser de l'assumer. Il s'agit du principe de bivalence[2].
Remarquons que si l'on admet l'universalité du principe de
bivalence en faisant de la logique classique la logique de base
de la théorie de la connaissance, alors on doit renoncer à
l'idée de donner une traduction logique aux énoncés négatifs

---

1. La « révision » intuitionniste à laquelle nous faisons allusion ne
conteste de l'équivalence entre $\neg\neg A$ et $A$ que la correction de la réduction
de la double négation à l'affirmation ($\neg\neg A \rightarrow A$), ainsi qu'une des quatre
lois de De Morgan, la formule $\neg(A \wedge B) \rightarrow (\neg A \vee \neg B)$.

2. Voir page 37.

qui, tout comme les clauses négatives des programmes Prolog, expriment l'équivalence suivante :

$$not(A) = \text{« } A \text{ n'est pas prouvé »}} \qquad (1)$$

En effet, si $A$ n'est pas prouvé, on ne peut pas dire que $A$ est faux sans risquer de faire une erreur, donc l'égalité ici pose problème dans un monde non clos où l'on fait usage de la logique classique, car en logique classique $not(A)$ se traduit par « $A$ est faux ».

Le fait de renoncer à une théorie logique capable de traduire l'équivalence exprimée par (1) ne va pas sans difficulté. On ignore par exemple encore aujourd'hui si la théorie des ensembles **NF** définis par Quine [1] est cohérente ou contradictoire. Il est donc justifié d'écrire

« La cohérence de **NF** n'est pas prouvée. » $\qquad$ (2)

En revanche, on sait que l'expression « la conjecture de Fermat » est inappropriée depuis l'exploit de Wiles qui a réussi à prouver ladite conjecture en 1994. Dès lors l'énoncé négatif suivant est par conséquent lui aussi justifié

« La conjecture de Fermat n'est pas indécidable » $\qquad$ (3)

Ceux qui sont convaincus que la logique classique est la logique de base de la connaissance humaine ne verront aucune difficulté dans le fait que ces deux usages de la négation expriment deux états différents de la connaissance humaine, car (2) dit qu'il n'est pas vrai qu'existe aujourd'hui une preuve de la cohérence de **NF**, et (3) dit qu'il est faux que la conjecture de Fermat soit indécidable. On peut ou bien insister sur la différence entre ces deux usages de la négation (« $A$ n'est pas vrai dans une situation donnée » et « $A$ est faux »), ou bien prendre le parti de considérer qu'il n'y a donc pas de significations différentes de la négation, mais une différence

---

1. « Nouveaux Fondements pour la Logique Mathématique », dans W.v.O. Quine, *Du point de vue logique, op. cit.*, p. 123-148.

des objets auxquels elle s'applique. De la même façon qu'il était faux d'affirmer avant la démonstration de Wiles que la conjecture de Fermat est un exemple d'énoncé indécidable, il y a des assertions vraies ou fausses au sujet de la cohérence de **NF**, bien que l'on ne dispose aujourd'hui ni d'une preuve de la cohérence de **NF** ni d'une démonstration de son caractère contradictoire [1]. Cette réponse réaliste invite aux inépuisables questions métaphysiques sur l'existence des *faits* mathématiques. Mais nous avons vu qu'à l'exception de la négation-rejet, la négation est un fait de langage et c'est sur le terrain du langage que nous devons juger de ce que la logique classique permet de comprendre au sujet de la négation. Remarquons alors qu'en vertu de la signification que l'on accorde aux mots, nous percevons que l'inférence

$$A \text{ n'est pas prouvé} \rightarrow A \text{ est réfuté} \qquad (4)$$

n'est pas correcte du point de vue sémantique, car l'absence de preuve de $A$ *ne signifie pas* la réfutation de $A$ ; alors qu'en revanche

$$A \text{ est réfuté} \rightarrow A \text{ n'est pas prouvé} \qquad (5)$$

est une évidence, puisque si $A$ est réfuté, alors $A$ *ne peut pas* être prouvé. Il est donc incontestable que nous comprenons qu'il existe une différence logique, c'est-à-dire une différence constante, qui n'est pas seulement psychologique et que l'on peut définir *a priori*, entre le fait de refuser d'assumer $A$ parce qu'il n'existe pas de preuve en faveur de $A$ et le fait de nier $A$ parce que $A$ conduit à une contradiction. Il est tout aussi incontestable que la logique classique ne possède pas une théorie de la négation capable d'exprimer cette distinction, ni dans son langage-objet, ni dans son métalangage, car il n'y a pas de

---

1. C'est exactement ainsi que Leibniz raisonne pour régler le problème des futurs contingents ; G.W. Leibniz, *Essais de théodicée : sur la bonté de Dieu, la liberté de l'homme et l'origine du mal*, introd. par J. Brunschwig, Paris, Flammarion, 1969 (1710), p. 124-125.

différence du point de vue classique, entre affirmer que $\neg A$ est vrai et dire qu'aucune assignation de valeurs de vérité ne rend $A$ vrai. Enfin et surtout, la différence modale qui existe entre « $A$ pourrait rester à jamais non prouvé » et « $A$ est réfuté, donc à jamais non prouvable » est hors du domaine d'expression de la logique classique.

Les partisans du conservatisme logique rejettent cette difficulté en disant que la différence entre (4) et (5) concerne la logique modale ou l'épistémologie, non la logique de base de la connaissance. Mais on peut craindre que la logique classique conduise à d'inévitables apories si l'on se fonde sur elle pour comprendre la connaissance humaine. En voici l'une d'entre elles : la preuve de la fausseté d'un énoncé universel implique-t-elle que l'on puisse prouver l'existence d'un contre-exemple qui l'invalide, comme on est conduit à le penser si l'on se fie à une inférence valide en logique classique du premier ordre [1] ? Si j'affirme qu'il est faux que toute action soit intelligible en raison des causes naturelles qui la déterminent, suis-je forcément en mesure de prouver l'existence d'un cas qui implique l'absurdité de toute explication par des causes naturelles [2] ? On peut traduire cette aporie de manière modale en se demandant si, la réfutation de la nécessité de la proposition $p$ implique la possibilité de la réfutation de la proposition $p$ elle-même [3]. On voit donc mal pour quelle raison on refuserait d'apporter à l'épistémologie une logique plus expressive que la logique classique, et pourquoi l'on devrait s'interdire de préciser la

---

1. $\vdash_c \neg(\forall x)Fx \rightarrow (\exists x)\neg Fx$.

2. Cette remarque trouvera un développement plus loin, lorsque nous commenterons le texte de Kant (voir la note 1, page 122).

3. $\vdash_K \neg\Box p \rightarrow \Diamond\neg p$ ; cette formule est valide dans toutes les logiques modales normales et classiques mais ne l'est pas en logique modale intuitionniste. La définition de la négation en logique intuitionniste qui est donnée page 48 permet de comprendre pourquoi le terme de *réfutation* est ici crucial.

signification et la portée de nos inférences modales. Or il existe une logique qui est capable d'exprimer la différence entre (4) et (5), c'est la logique intuitionniste.

### La définition intuitionniste de la négation

Afin que ce qui suit ne prête pas à confusion, il faut rappeler deux points fondamentaux. Le premier point concerne les raisons qui ont motivé la construction de la logique intuitionniste. Celle-ci a été définie par Heyting en 1930, pour rendre compte des inférences logiques dans les mathématiques intuitionnistes inventées par Brouwer. Qu'un théorème mathématique soit intuitionniste ou non, il reste pour toujours théorème dans le système où il a été prouvé (si, évidemment, sa preuve est correcte). Autrement dit, du point de vue intuitionniste, il n'est pas question de rompre la monotonie de la conséquence logique.

Le deuxième point concerne le principe fondateur de la logique intuitionniste, à savoir le refus d'assumer la validité universelle du principe de bivalence [1]. Ce refus s'explique par le fait qu'un énoncé n'est considéré comme *vrai* par un intuitionniste qu'à la condition qu'il soit *prouvé* ; donc, de ce point de vue, ce qui n'est *pas vrai* est, logiquement, ce qui n'est *pas prouvé*. Évidemment, « pas prouvé » ne signifie pas non plus « réfuté ». Un énoncé *réfuté* est un énoncé dont la négation est prouvée, ce qui est évidemment plus fort que le fait de souffrir d'une absence de preuve, car un énoncé réfuté l'est pour toujours : preuve est définitivement faite que sa négation est vraie.

Le simple fait de traduire « A est vrai » par « A est prouvé » permet de comprendre pourquoi le théorème classique du tiers

---

1. Défini page 37.

exclu, noté pour faire court (TE) [1], n'est pas une vérité logique du point de vue intuitionniste [2]. On l'explique de la façon suivante. Une disjonction n'est prouvée que si et seulement si un des deux termes de la disjonction est prouvé [3], comme il est n'est pas vrai que, quel que soit un énoncé mathématique, celui-ci est réfuté ou prouvé, on en conclut que (TE) n'est pas une vérité analytique [4] et donc n'est pas une vérité logique, les vérités de la logique se déduisant pour les intuitionnistes de la *signification* des connecteurs logiques. Quine a reproché vigoureusement aux intuitionnistes le fait de « changer de sujet » en entretenant une lecture déviante, c'est-à-dire non vérifonctionnelle de la négation. À ce sujet, on peut lire sous sa plume :

> [...] la négation intuitionniste est [...] une déviation : le principe de la double négation devient caduc [5].

Il est exact qu'en adoptant cette logique un certain nombre de tautologies sont sacrifiées. La loi de l'équivalence de la double négation avec l'affirmation n'est plus correcte ; s'il est vrai qu'un énoncé implique toujours la double négation de celui-ci, la converse n'est plus vraie. La définition intuitionniste de la négation permet de le comprendre intuitivement, sans qu'il soit nécessaire d'exposer toute la théorie du calcul

---

1. On symbolise le fait que le tiers exclu est un théorème de la logique classique par la formule

$$\vdash_c \neg A \lor A \qquad\qquad \text{(TE)}$$

qui signifie « le schéma $\neg A \lor A$ est prouvable en logique classique ».

2. À partir de maintenant, dans cette section, le mot « logique » abrégera l'expression « logique intuitionniste ».

3. C'est la définition d'une disjonction *constructive*.

4. N. Tennant, « The Law of Excluded Middle is Synthetic A Priori, if Valid », *Philosophical Topics* 24 (1996), p. 241-266.

5. W.v.O. Quine, *Philosophie de la logique*, trad. fr. par J. Largeault, introd. par S. Laugier et D. Bonnay, Paris, Aubier, 2008 (1970), chap. 6, p. 129.

propositionnel intuitionniste ; c'est pourquoi au lieu d'arriver à une définition de la négation, comme nous l'avons fait dans les sections précédentes, on partira cette fois de celle-ci :

DÉFINITION 4 (*négation en logique intuitionniste*). On obtient une preuve de la fausseté de $A$ si l'on peut, à partir de $A$ ou de n'importe quelle proposition qui appartient au contexte $\Gamma$ dans lequel $A$ est assumé, dériver une absurdité. Il est alors également justifié de nier $A$, ou de dire « $A$ est faux » ou encore affirmer que $A$ implique une conséquence absurde.

REMARQUE. Il est crucial de faire distinction entre l'affirmation de la fausseté d'un énoncé et la justification de cette fausseté. En raison de la définition 4, nier $A$ revient à prétendre qu'il existe une réfutation de $A$ et cette réfutation n'est vraie, c'est-à-dire prouvée, qu'à la condition que l'on prouve que l'hypothèse de $A$ implique une absurdité [1].

Il est maintenant facile de comprendre pourquoi la double négation d'un énoncé quelconque peut toujours être déduite de cet énoncé : si je suppose que j'ai une preuve de $A$, alors l'hypothèse de l'absurdité de $A$ est absurde. Mais l'implication converse n'est pas vraie : si je suppose avoir une preuve de la double négation de $A$, je ne fais que supposer qu'il est absurde d'affirmer que $A$ est absurde, autrement dit, je ne fais que

---

1. La définition 4 exprime la règle d'introduction de la négation :

$$\frac{\Gamma, \ A \ \vdash \ \bot}{\Gamma \ \vdash \ \neg A}$$

équivalente à un cas particulier de l'introduction de l'implication :

$$\frac{\Gamma, \ A \ \vdash \ \bot}{\Gamma \ \vdash \ A \to \bot}.$$

Cette règle de déduction naturelle dit deux choses : premièrement, pour prouver $\neg A$ (ou son synonyme $A \to \bot$) sous les hypothèses $\Gamma$, il faut montrer que le fait d'assumer $A$ implique l'absurde ; deuxièmement, l'équivalence des deux règles montre que l'on peut donc toujours, dans une preuve formelle, remplacer $\neg A$ par $A \to \bot$ et supprimer par cet artifice le signe de la négation.

supposer que la signification de $A$ est dénuée de contradiction, ce qui est évidemment plus faible de prouver la vérité de $A$. Comme Kant l'a souligné, l'absence de contradiction n'est que la condition formelle et nécessaire de l'existence des objets de la connaissance, non leur condition suffisante [1].

En suivant le même raisonnement, on peut tout aussi bien comprendre pourquoi la double négation de (TE) est un théorème de logique, même si cela n'est pas le cas de (TE) : la négation de (TE) implique le schéma de la contradiction [2], donc la double négation de (TE) exprime cette vérité logique qu'il est absurde d'affirmer que (TE) est absurde. Mais à moins d'admettre, comme on le fait en logique classique [3], que la preuve analytique de la double négation d'un énoncé implique la preuve de cet énoncé, (TE) reste en dehors des vérités de la logique : il est prouvé qu'il est absurde de le considérer comme

---

1. E. Kant, *Critique de la raison pure*, introd. par A. Renault, Paris, Flammarion, 2006, Analytique des Principes, chap. II, p. 232 : le principe de contradiction, principe suprême de tous les jugements analytiques, « est la *conditio sine qua non*, mais non pas le principe déterminant de la vérité de notre connaissance. » Voir aussi M. Dummett, *Philosophie de la logique*, trad. fr. par F. Pataut, Paris, Éditions de Minuit, 1991 (1978), p. 108-109.

2. C'est une loi de De Morgan qui est correcte du point de vue intuitionniste : $\neg(\neg A \vee A) \vdash_i \neg\neg A \wedge \neg A$. On a donc $\neg(\neg A \vee A) \vdash_i \perp$, et par application de la règle d'introduction de la négation, on obtient : $\vdash_i \neg\neg(\neg A \vee A)$.

3. La règle d'absurdité classique, notée $\perp_c$, appelée aussi règle de l'élimination de la double négation (DN), consiste à accepter la suppression de la double négation d'un énoncé au profit de l'affirmation de l'énoncé lui-même :

$$\frac{\Gamma, \neg A \vdash \perp}{\Gamma \vdash A} \perp_c.$$

La logique propositionnelle classique se distingue de la logique intuitionniste par le fait de reconnaître la validité de ce séquent :

$$\neg\neg A \vdash_c A. \tag{DN}$$

absurde, mais il n'est pas pour autant logiquement prouvable, car les règles de la déduction naturelle de la négation et de la disjonction ne permettent pas de prouver ce théorème de logique classique. L'intuitionniste en conclut que la règle classique de l'élimination de la double négation n'est pas une règle universellement acceptable et absolument indubitable.

Une question se pose alors naturellement : comment la logique intuitionniste peut-elle montrer que (TE), qui n'est pas réfutable, n'est cependant pas prouvable ? Il y a deux réponses possibles à cette question, qui toutes deux sont intéressantes lorsqu'on s'efforce de réfléchir sur la négation. La première réponse est une réponse correcte, mais frustrante : elle consiste simplement à faire remarquer qu'il est *impossible* de prouver (TE) sans se donner le droit d'utiliser la règle $\perp_c$ [1]. Il y a donc un sens très précis, pour le logicien intuitionniste, à distinguer ce qui n'est pas logiquement prouvable de ce qui est réfutable [2].

Pourquoi est-il cependant psychologiquement presque inévitable de ressentir une sorte de frustration avec une telle réponse ? D'une part, le fait de montrer par une méthode directe que (TE) n'est pas logiquement prouvable, n'est ni plus ni moins que l'expression d'une négation par l'échec. Cela consiste à dire : « prends toutes les règles de la déduction naturelle, sauf la règle d'absurdité classique, tu n'arriveras jamais à prouver quelque chose de plus au sujet de (TE) que le fait qu'il est absurde de le considérer comme absurde. » D'autre part, si l'on suppose une formule bien plus complexe que (TE), mais que l'on sait classiquement valide, et que l'on échoue à prouver sans l'usage de la règle classique de la réduction à l'absurde, il est évident que l'on hésitera avant de parvenir à la

---

1. Voir la note précédente.
2. On peut écrire $\nvdash_i \ \neg A \vee A$, et faire remarquer que cela n'implique pas que $\vdash_i \neg(\neg A \vee A)$ puisque l'on a au contraire prouvé que $\vdash_i \neg\neg(\neg A \vee A)$.

certitude que l'on a bien utilisé correctement toutes les règles et qu'aucune méthode correcte ne conduit à la démonstration constructive de la formule. On se trouvera à un moment dans une situation comparable à celle de quelqu'un qui cherche un livre dans une bibliothèque, et l'on se demandera si l'on a bien cherché. Une recherche méthodique dans un monde clos doit logiquement conduire à une réponse indubitable, mais même dans un monde clos, la complexité de la recherche peut rendre l'issue incertaine.

Il existe heureusement une autre voie qui est à la fois logiquement plus commode et psychologiquement plus sécurisante : il s'agit de la méthode qui consiste à rechercher un *contre-modèle* d'une formule $F$ en partant de la supposition que $F$ n'est pas prouvable en logique intuitionniste. Si cette hypothèse conduit à une contradiction, alors $F$ est un théorème de la logique intuitionniste, sinon on obtient un contre-modèle de Kripke qui montre que $F$ n'est pas logiquement prouvable [1]. Dire que l'on échoue à prouver que $A$ implique $B$, revient à dire que l'on admet la possibilité d'une situation où l'on aurait une preuve de $A$ mais où $B$ ne serait pas prouvé. Dire ne pas avoir de preuve de la réfutation de $A$ signifie que rien ne montre actuellement que $A$ est absurde, et qu'il se pourrait que l'on trouve *plus tard* une preuve de $A$ [2].

On obtient avec cette méthode un contre-modèle de (TE) en procédant comme suit. Dans un premier temps, on suppose que (TE) n'est pas prouvable. Si tel est le cas, alors $A$ n'est

1. J.L. Bell, G. Solomon et D. DeVidi, *Logical options: an introduction to classical and alternative logics*, Peterborough, Broadview Press, 2001, p. 192-223, expliquent cette méthode dans un style élégant, où le premier geste consiste à écrire ?$F$ qui est synonyme de $\nvdash_i F$. Les symboles ? et $\nvdash_i$ appartiennent au métalangage de la logique intuitionniste et, apposés à une formule $F$, signifient tous deux que $F$ n'est pas prouvable d'un point de vue intuitionniste.

2. *Ibid.* pour une description complète de la méthode.

actuellement ni prouvé, ni réfuté, ce qui n'est pas contradictoire. Enfin, affirmer que $A$ n'est pas réfuté maintenant revient à admettre que $A$ pourrait être ultérieurement prouvé. On constate que l'on ne peut plus développer les conséquences de l'hypothèse de l'absence de preuve de (TE) : il n'y a pas de contradiction entre « pas de preuve de $A$ maintenant » et « preuve de $A$ plus tard » [1].

Les contre-modèles de Kripke [2] montrent que la logique intuitionniste formalise une conception dynamique du savoir, et permet donc une analyse à la fois plus fine et plus complète de la signification de la négation que ne le permet la logique classique. En effet, si l'on veut donner la preuve classique de (TE), il suffit de reprendre l'arbre de la note 1, de remplacer le point d'interrogation qui marque l'absence de preuve, par le signe ¬, et de supprimer le trait horizontal. Alors, comme on peut s'y attendre, on trouvera une contradiction entre $\neg A$ et $A$ qui montre qu'en logique classique la négation de (TE) implique une contradiction [3]. La comparaison des règles de la méthode des arbres de Bell *et al.* pour la logique classique et

---

1. Avec la méthode de Bell *et al.* on schématise le raisonnement, par l'arbre suivant, où la barre sous la formule $?\neg A$ marque le passage à une autre « localité », c'est-à-dire une situation possible, comme un futur indéterminé :

$$?(A \vee \neg A) ✔$$
$$?A$$
$$\underline{?\neg A ✔}$$
$$A.$$

2. S.A. Kripke, « Semantical analysis in intuitionistic logic », dans J.N. Crossley et M. Dummett (eds.), *Formal Systems and Recursive Functions*, North-Holland, 1965, p. 92-130.

3. Comparer cet arbre   $\neg(A \vee \neg A) ✔$   avec celui de la note 1.
$$\neg A$$
$$\neg\neg A ✔$$
$$A$$
$$\times$$

des règles de cette même méthode pour la logique intuitionniste [1] permet de voir que la logique classique ne fait usage que d'un et un seul concept de la négation, contrairement à la logique intuitionniste qui assume la distinction naturelle entre ne pas être logiquement prouvable (et donc permettre la construction d'un contre-modèle de Kripke), et être logiquement réfutable, c'est-à-dire impliquer une contradiction.

On sait que l'on peut toujours en logique classique remplacer la double négation d'une formule par son affirmation, en raison de ce que l'on appelle « règle d'absurdité classique », c'est-à-dire la règle qui consiste à dériver l'absurdité $\neg A$ pour déduire $A$. Cette règle ne doit pas être confondue avec la règle d'absurdité *intuitionniste* qui est le fameux *Ex falso quodlibet* : à partir d'une absurdité, n'importe quelle formule est déductible [2]. La différence entre les deux règles est profonde. D'une part, la règle $\perp_i$ est dérivable de la règle $\perp_c$, mais non l'inverse [3] ; d'autre part, un argument fondé sur l'absurde est valide de manière triviale, mais il n'en reste pas moins toujours incorrect [4]. Du point de vue classique il est toujours correct de remplacer $\neg\neg A$ par $A$. Mais c'est précisément ce que contestent les intuitionnistes, car de leur point de vue, il n'est correct de procéder à un tel remplacement qu'à

1. Comparer les deux tables de règles dans J.L. Bell, G. Solomon et D. DeVidi, *Logical options, op. cit.*, p. 26 et p. 197.

2. $\dfrac{\Gamma \vdash \perp}{\Gamma \vdash A}\ \perp_i$. Comparer la règle $\perp_i$ avec la règle $\perp_c$ de la note 3, page 49. Voir aussi R. David, K. Nour et C. Raffalli, *Introduction à la logique: théorie de la démonstration*, introd. par P.-L. Curien, Paris, Dunod, 2004 (2001), p. 28 et p. 148.

3. L'ensemble des théorèmes de la logique intuitionniste est un sous-ensemble strict de l'ensemble des théorèmes de la logique classique.

4. C'est une conséquence logique en raison de la table de vérité du conditionnel, et c'est un argument incorrect en raison de la définition de ce qu'est un argument correct, qui est valide non seulement en raison des tables de vérité de ses connecteurs, mais parce que ses prémisses sont vraies.

la condition que l'on ait une preuve de $A$ ou une preuve de $\neg A$. En effet, l'implication de $A$ à partir de la double négation de $A$, est une conséquence logique de l'assomption de la formule $\neg A \vee A$ [1]. C'est l'hypothèse du tiers exclu qui permet de déduire la double négation, même pour un intuitionniste, quand c'est la règle de l'absurdité classique (c'est-à-dire la suppression de la double négation) qui permet la preuve classique du tiers exclu [2].

Du point de vue intuitionniste, l'analyse de la *signification* de la double négation est fondamentale, à la différence du point de vue classique où la double négation n'est qu'une décoration inutile. Mais on sait aussi, depuis les travaux de Gödel, que toute démonstration en logique classique peut être traduite en une démonstration en logique minimale (et donc en logique intuitionniste) en apposant des doubles négations sur les formules atomiques, sur les disjonctions et sur les quantificateurs existentiels [3]. La traduction dite de la « double négation », définie par Gödel [4], est une généralisation à la logique du premier ordre du théorème de Glivenko selon lequel toute formule propositionnelle est prouvable en logique classique si et seulement si sa double négation l'est en logique intuitionniste. On comprend ce dernier théorème en généralisant la conclusion de Brouwer au sujet de la preuve intuitionniste de la double négation du tiers exclu : de la même façon qu'il est absurde d'affirmer l'absurdité du tiers exclu, il est absurde d'affirmer l'absurdité des théorèmes classiques qui ne sont pas prouvables du point de vue intuitionniste. La double négation donne donc une expression affaiblie de la formule strictement

---

1. $\vdash_i (\neg A \vee A) \rightarrow (\neg\neg A \rightarrow A)$.

2. J. von Plato, *Elements of Logical Reasoning*, op. cit., p. 88-89.

3. R. David, K. Nour et C. Raffalli, *Introduction à la logique*, op. cit., p. 152-157.

4. K. Gödel, « Zur intuitionistischen Arithmetik und Zahlentheorie », *Ergebnisse eines mathematischen Kolloquiums* 4 (1933), p. 34-38.

classique et c'est grâce à cet affaiblissement qu'elle est prouvable en logique intuitionniste.

On remarque parfois que le refus intuitionniste de l'effacement de la double négation correspond à une sorte de refus d'effacer la nuance de l'affaiblissement qui existe dans le langage ordinaire : dire d'un individu qu'il n'est pas méchant est évidemment plus faible que d'affirmer qu'il est bon. Mais ce n'est pas cette finesse grammaticale qui marque de façon évidente la supériorité de la définition intuitionniste de la négation par rapport à la définition classique.

Pour comprendre l'intérêt de la définition intuitionniste, il est plus judicieux de reprendre un contre-exemple au tiers exclu qui a été donné par Brouwer. L'énoncé « il existe un chiffre qui apparaît plus fréquemment que tous les autres dans le développement décimal de $\pi$ » est pour un logicien classique, vrai ou faux de *manière déterminée*. Pour un mathématicien comme Brouwer, il est douteux que l'on puisse un jour prouver un tel énoncé, mais il est absurde d'affirmer que cette disjonction est absurde. Cependant pour la considérer comme vraie, il faudrait avoir ou bien une preuve qui détermine quel est ce chiffre qui apparaît plus souvent que les autres, ou bien la preuve qu'aucun chiffre dans le développement décimal de $\pi$ n'apparaît plus fréquemment que n'importe quel autre. En l'absence d'une telle preuve constructive, le mathématicien intuitionniste remarque avec raison que l'application non restreinte du principe de bivalence repose sur la croyance platonicienne en l'existence d'un monde intelligible qui transcende notre connaissance.

Pour conclure sur le lien entre logique intuitionniste et logique classique, il est bon d'insister sur le fait que le logicien intuitionniste ne rejette pas la logique classique : il l'intègre

et l'interprète comme un *cas particulier* de la logique intuitionniste [1]. L'explication de l'interprétation intuitionniste de la
logique classique réside dans un théorème lumineux de von
Plato : si une formule $C$ est dérivable en logique classique,
alors la formule

$$((P_1 \vee \neg P_1) \wedge \cdots \wedge (P_n \vee \neg P_n)) \rightarrow C$$

où $P_1 \ldots P_n$ sont les atomes de $C$, est dérivable en logique
intuitionniste. D'où ce commentaire :

> Par cette traduction, la logique classique peut être inter-
> prétée du point de vue intuitionniste comme une logique
> dans laquelle les preuves des théorèmes ont pour condi-
> tions les décisions sur leurs formules atomiques [2].

La conclusion générale de cette analyse logique de la négation est la suivante : dans un univers où tous les énoncés
atomiques sont des énoncés décidables, la définition vérifonctionnelle de la négation offre le maximum de conséquences logiques et il n'est pas besoin d'une logique avec une
procédure de décision plus complexe que celle de la logique
classique. Mais dans un monde infini où tous les énoncés
atomiques ne sont pas décidables, c'est la logique intuitionniste qui offre une théorie complète de ce que peut signifier
la négation pour la connaissance humaine, car contrairement
à la logique classique, elle donne une signification claire et
distincte à la nuance qui existe entre nier qu'un énoncé soit
prouvable et réfuter un énoncé. Échouer à prouver n'est pas
réfuter.

---

1. Cette position a un fondement scientifique : l'algèbre de Boole qui
est l'algèbre de la logique classique et un cas particulier de l'algèbre de
Heyting dont la logique intuitionniste est une expression.
2. S. Negri et J. von Plato, *Structural proof theory*, Cambridge,
Cambridge University Press, 2001, p. 27.

Si cette analyse de la négation est exacte, elle donne raison à Dummett[1] lorsque celui-ci soutient que la théorie de la signification nécessite d'être fondée sur une logique non classique, afin d'éviter la circularité qui consisterait à expliquer la signification en faisant appel à des notions qui la présupposent comme par exemple celle de vérité ou de fausseté. Cette référence à l'œuvre de Dummett conduit naturellement à se demander si l'analyse logique de la signification de la négation est susceptible d'éclairer les disputes métaphysiques à sont sujet.

## UNE THÉORIE MÉTAPHYSIQUE DE LA NÉGATION EST-ELLE POSSIBLE ?

La lecture des pages qui précèdent est très probablement décevante pour les métaphysiciens. On imagine que leur première critique sera de dire qu'un traitement de la négation fondé sur la logique formelle est forcément superficiel, et que cette logique soit classique ou intuitionniste ne change au fond rien à l'affaire. Pour un métaphysicien, la négation est un sujet de réflexion crucial pour penser l'*ontologie*, et plus précisément les rapports entre l'Être et le Non-être, car depuis le *Sophiste* de Platon jusqu'au *Towards Non-Being* de Priest[2], en passant par la réflexion hégélienne sur « la puissance du négatif » et l'angoisse heideggérienne sur le Néant qui néantise, la question de la réalité du Non-être parcourt l'histoire

---

1. M. Dummett, *The Logical Basis of Metaphysics*, Harvard University Press, 1991, p. 340.
2. G. Priest, *Towards Non-Being – The logic and metaphysics of intentionality*, Oxford-New York, Clarendon Press-Oxford University Press, 2005.

de la métaphysique[1]. On manque la question métaphysique que soulève l'analyse de la négation si l'on ne s'interroge pas sur ce que la négation traduit de la réalité ou de l'Être, et une analyse purement logique de la négation manque cette question dès lors que l'analyse logique concerne le langage et non le rapport du langage au réel.

La réponse à cette critique va permettre de préciser la question à laquelle cette section va répondre, tout comme la suite de l'ouvrage, puisque les commentaires des deux textes qui vont suivre permettront de prolonger cette réflexion sur la métaphysique à partir de la question de la négation. Seul un lecteur très inattentif n'aura pas remarqué que cette réflexion sur la négation commence par une interrogation sur l'apprentissage de celle-ci et sur les significations qu'on lui accorde en raison des usages de la négation dans le langage ordinaire. On récuse ainsi le reproche selon lequel le traitement logique qui a été développé serait « purement formel », et nous le retournons : l'histoire des théories métaphysiques de la négation témoigne au contraire de cette tendance qu'ont les métaphysiciens à décrire la négation en commençant immédiatement par une analyse grammaticale et logique de celle-ci, comme si la négation ne relevait *que* d'un langage capable de nous donner accès à la réalité en soi.

L'importance que nous avons accordée au début de cet ouvrage à la *négation-rejet*, puis à la négation par l'échec, s'explique par une thèse qu'il est temps de rendre explicite : ni l'origine, ni la fonction, ni la signification de la négation ne peuvent être purement verbales et encore moins purement formelles. Le principe logique selon lequel aucun état de choses ne peut vérifier, satisfaire ou illustrer la contradiction a son origine dans notre perception sensorielle du monde

---

1. On renonce à savoir si ce que dit Heidegger exprime une position métaphysique ou bien est une critique de la métaphysique ; cette importante question est hors du domaine de notre compétence.

qui exige la cohérence, et non dans une erreur de la logique, comme le croit Priest [1] qui, en logicien épris de métaphysique, soutient l'existence de « contradictions vraies ». Mais avant d'aborder les théories métaphysiques de la contradiction, il est sans doute plus judicieux d'examiner le rôle fondamental que Platon accorde à la négation lorsqu'il entreprend dans *le Sophiste* de s'attaquer à la thèse de Parménide de l'inexistence du Non-être.

### *Quel est l'être du Non-être ?* – Platon

Nous ne prétendons pas que ce qui suit est une explication du *Sophiste*, car la difficulté de ce texte est bien trop grande pour que l'on imagine pouvoir le commenter à la fois brièvement et de façon satisfaisante. C'est uniquement parce qu'il apporte une réflexion sur la portée métaphysique du rôle de la négation dans le langage que l'on fait ici référence à ce texte.

On a déjà remarqué que l'on nie ce que l'on considère comme faux et que l'on comprend spontanément l'expression « ce que tu dis est faux » comme synonyme de « ce que tu dis ne correspond pas à ce qui est ». Mais pour quelle raison le fait de considérer un énoncé $A$ comme faux nous conduit parfois jusqu'à dire abusivement que $A$ ne correspond à rien ? En effet, si $A$ est faux dans un certain contexte, il n'est pas nécessairement faux dans tous les contextes, donc il est faux de considérer qu'il est impossible que $A$ puisse correspondre à quelque chose. Il est en revanche justifié de considérer qu'il y a des énoncés faux dans tous les contextes, à l'instar des formules comme $(\neg A \wedge A)$ ou $(0 = 1)$. Pour représenter ce qui est toujours faux, les logiciens ont inventé des symboles qui expriment l'idée que ce qui est toujours faux est l'inversion de

1. G. Priest, *Beyond the Limits of Thought*, Oxford-New York, Clarendon Press-Oxford University Press, 2002 (1995), p. 248.

ce qui est toujours vrai [1]. Aujourd'hui les symboles usuels des constantes du vrai et du faux sont respectivement $\top$ et $\bot$. Il est possible de considérer que l'ensemble vide et la constante du faux peuvent jouer le même rôle pour exprimer la réfutation d'une proposition : une proposition réfutée est une proposition qui implique l'absurde, autrement dit qui n'a pas de modèle, ou qu'aucune assignation de valeurs de vérité ne peut rendre vraie [2]. Cependant, comme l'idée de preuve constructive de l'absurde n'a pas de sens, et qu'il n'y a pas de règle d'introduction pour la constante du faux, on peut se demander s'il y a une preuve de l'existence de l'ensemble vide. C'est à cette question que s'attaque Platon dans *le Sophiste*, en s'opposant à la doctrine de Parménide selon laquelle il est impossible de prouver que le Non-être est.

Cette question de l'existence du Non-être est étroitement liée au problème de l'erreur et plus précisément à la question ontologique de l'existence du faux : si le faux n'existait pas, il serait radicalement impossible qu'il y ait de la fausseté [3]. De la même façon, si un jugement vrai sur l'inexistence de

1. Dans les *Principia Mathematica*, Russell et Whitehead font usage du signe $\Lambda$ qui est l'inversion du signe V représentant la classe universelle : « Any function which is always true determines the universal class, and vice versa », A.N. Whitehead et B. Russell, *Principia Mathematica*, Merchant Books, 2009 (1910), vol. 1, prop. 24.01, p. 218. Jan Von Plato m'a fait remarquer que l'on trouve déjà cette notation chez Peano qui, dans *Arithmetices Principia* (1889), utilise V pour symboliser l'expression latine *Verum*. Gentzen et Prawitz utilisent le symbole $\lambda$ pour dénoter la constante du faux, symbole qui évidemment rappelle le $\Lambda$ des *Principia Mathematica*.

2. L'équivalence entre les expression $\neg A$, $A \rightarrow \bot$ et $A \rightarrow \emptyset$ est explicitement exprimée dans la théorie des types de Martin-Löf. Voir B. Nordström, K. Petersson et J.M. Smith, *Programming in Martin-Löf's Type Theory: An Introduction*, Oxford, Clarendon Press, 1990, p. 43.

3. Platon, *Sophiste*, dans *Œuvres complètes*, trad. fr. par L. Robin, t. II, Paris, Gallimard, 1950, 260b-e, p. 325.

quelque chose n'avait aucun contenu objectif en raison de son caractère négatif, on ne pourrait jamais dire ce qui n'est pas. Dans son fameux article intitulé « On what there is », Quine a parfaitement résumé le problème rencontré par Platon : dans toute dispute ontologique, le simple fait de reconnaître qu'*il y a* des entités que certains admettent (comme l'âme par exemple) mais que nous rejetons, semble impliquer une contradiction.

> C'est la vieille énigme platonicienne du Non-être. Le Non-être doit, en un certain sens, être, car sinon qu'est-ce qu'il y a qu'il n'y a pas ? Cette doctrine embrouillée pourrait être surnommée *la barbe de Platon* ; historiquement, elle a fait preuve de sa résistance en émoussant régulièrement le fil du rasoir d'Occam [1].

En développant la théorie russellienne des descriptions définies, Quine montre comment il est possible à la fois d'éviter d'admettre l'existence d'objets contradictoires comme une coupole ronde carrée, tout en donnant sens à des expressions comme « la coupole ronde carrée de Berkeley College n'est pas ». Fondée sur la logique du premier ordre, la solution consiste à distinguer d'une part la quantification existentielle qui véhicule l'ontologie et, d'autre part, les prédicats qui sont sujets à l'interprétation. Il est impossible ici d'entrer dans le détail de cette explication [2]. Notons simplement que, même si l'on adopte le point de vue de Quine, on doit reconnaître que la question de l'être du Non-être nous invite à faire usage de la théorie des ensembles. La traduction en langage contemporain du problème que se pose Platon dans *le Sophiste* devrait donc plutôt être traduite par « est-ce qu'une classe vide existe ? ». Nous allons voir que grâce à cette traduction contemporaine

---

1. W.v.O. Quine, *Du point de vue logique*, *op. cit.*, p. 26.
2. Pour une explication plus détaillée, voir J. Vidal-Rosset, *Qu'est-ce qu'un paradoxe ?*, Paris, Vrin, 2004, p. 85-100.

d'une question métaphysique, la réponse platonicienne gagne en clarté.

C'est contre les sophistes que Platon défend la thèse anti-parménidienne de l'existence du Non-être ; car soutenir que le Non-être n'existe pas autorise ceux-ci à nier l'existence de l'erreur puisqu'ils rétorquent : « on ne peut énoncer que ce qui est, et non ce qui n'est pas ». Platon entreprend donc de démontrer la possibilité de penser et de parler faussement et donc de réfuter la thèse de Parménide selon laquelle le Non-être n'est pas, en dépit du caractère *apparemment* paradoxal de la thèse selon laquelle il y a un être du Non-être.

Pour que la vérité ou l'être puissent être dits avec des phrases qui énoncent autre chose que l'identité (comme par exemple, « l'homme est homme »), il faut que les genres communiquent entre eux en raison, selon Platon, d'une affinité naturelle entre les genres. Platon prend pour exemples les cinq genres principaux : l'Être, le Mouvement, le Repos, l'Autre, le Même, et soutient qu'ils participent les uns des autres [1], tout en étant irréductibles les uns aux autres. La démonstration de l'existence du Non-être est fondée sur la thèse suivante : *tous les genres participent à la fois du Même et de l'Autre* et la définition que Platon donne au genre qu'est l'Autre se comprend à partir d'une théorie de la négation qui suit immédiatement cette remarque :

> Quand nous parlons du « Non-être », ce n'est pas d'un contraire de l'Être dont nous parlons, mais seulement d'un terme autre [2].

---

1. Comme le souligne Shipper, la théorie de la participation change dans les dialogues de maturité où ce ne sont plus les individus qui participent des Formes, mais les Formes qui participent entre elles. Voir E.W. Schipper, « The Meaning of Existence in Plato's "Sophist" », *Phronesis* 24 (1964), p. 38-44. Ici, p. 42.

2. Platon, *Sophiste*, *op. cit.*, 257b, p. 320.

Ce que l'Étranger soutient est que « l'essence de l'"Autre" se morcelle évidemment de la même manière que la connaissance » : le Non-beau, le Non-grand, le Non-juste n'ont pas moins de réalité selon lui que le Beau, le Grand et le Juste. Ce qui permet à l'Étranger d'affirmer :

> [...] quand il y a une opposition réciproque entre une partie de l'essence de l'Autre et une partie de l'essence de l'Être, dans cette partie de l'Autre qui est opposée à une partie de l'Être, il n'y a, si toutefois il est licite de le dire, pas du tout moins d'existence réelle qu'il n'y en a dans l'Être en personne, en tant qu'elle signifie pour l'Être, non pas un contraire, mais rien de plus qu'une autre partie de celui-ci [1].

Le fait que le Non-être soit en relation avec l'Être en étant son Autre permet donc à l'Étranger de donner une *définition* du Non-être :

> Quand en effet nous avons fait voir l'existence de l'essence de l'Autre, comme son morcellement entre toutes les choses qui sont mutuellement mises ainsi en relation, alors chaque partie de cette essence qui est opposée à ce qui est, nous avons eu l'audace de déclarer que c'est cela même qui est le Non-être [2] dans la réalité de son existence [3] !

1. *Ibid.*, 258b, p. 321.
2. Le Non-être se définit donc comme la classe $z$ de tout $x$ qui, par définition est l'Autre d'au moins un être $y$ :

$$(\exists z)(\forall x)(\exists y)(x \notin y \leftrightarrow x \in z). \tag{6}$$

Un choix correct des instances de $z$, $x$ et $y$, permet de vérifier que (6) est satisfiable et donc *n'est pas* contradictoire. On remarque enfin que l'on peut définir la classe vide comme la classe de tous les énoncés qui n'appartiennent pas à la classe des énoncés vrais et que la formule

$$(\forall x)(x \notin \mathrm{V} \leftrightarrow x \in \Lambda) \tag{7}$$

est bien une instance de (6).
3. *Ibid.*, 258c-d, p. 322.

On comprend ensuite que la preuve de l'existence du Non-être ne signifie rien d'autre que celle de l'existence de l'erreur. L'art du sophiste est de produire des simulacres, c'est-à-dire des discours faux, par un art de la négation qui consiste à transformer l'Être en Non-être en le niant [1], ou à nier le Non-être pour faire être ce qui n'est pas [2]. Ainsi non seulement Platon parvient à écarter le sophisme selon lequel il n'est pas possible de dire le faux, mais on comprend aussi à la fin du dialogue que l'art du sophiste consiste en un art de jouer avec les contradictions afin de produire des images qui sont à l'opposé de ce qui est, ou pour le dire autrement, qui sont l'autre de l'Être. La conclusion qui s'impose est que s'il est vrai que la référence à l'Être comme au Non-être donne au texte du *Sophiste* une tonalité métaphysique, le propos de Platon a une finalité logique et épistémologique : la définition du Non-être donnée en 258c-d montre bien qu'en définissant le Non-être à l'aide des parties de l'Autre, Platon définit l'erreur comme la référence à quelque chose d'autre que ce qui est. Il est évident qu'une telle définition repose en dernière analyse sur la définition de la négation logique [3].

La question de savoir si *le Sophiste* conduit à une conception métaphysique de la négation reste peut-être une question ouverte. Cependant, en affirmant que ce qui est juste définit aussi ce qui est autre que juste, tout comme en caractérisant l'erreur comme l'autre que la vérité, il semble que Platon ne sépare pas l'analyse de la négation de la compréhension de l'Être et des Idées, et c'est en ce sens que la théorie de Platon dans *le Sophiste* peut être qualifié de *métaphysique*. C'est en niant la position de Parménide que Platon a inauguré une

---

1. $(\top \rightarrow \bot) = \bot$.
2. $(\bot \rightarrow \bot) = \top$.
3. Comme le montre la formule (6), il est nécessaire de faire usage de la négation pour comprendre et traduire la définition de Platon : $\notin$ est la négation de $\in$.

histoire de la métaphysique de la négation, que nous allons maintenant poursuivre avec Spinoza puis Hegel.

Il est difficile de ne pas penser à la formule rendue célèbre par Hegel, *omnis determinatio est negatio*, lorsqu'on suit le raisonnement par lequel l'Étranger du *Sophiste* de Platon montre que tout discours sur l'Être permet de définir aussi son Autre, c'est-à-dire ce qui n'est pas. Il est bien connu que Hegel a transformé une remarque faite par Spinoza, *determinatio negatio est* [1] en une loi universelle dont la portée est pour Hegel métaphysique, parce qu'elle est à la fois une loi de la logique et du réel : *toute détermination est négation*. Évidemment, Spinoza et Hegel n'accordent à la négation ni la même signification, ni surtout la même importance. Mais le fait est que tous deux définissent la négation comme une propriété de ce qui existe, et non principalement comme un opérateur logique qui existe dans tout langage suffisamment riche pour exprimer la fausseté d'un énoncé. Il n'est pas question ici de nous lancer dans une lecture comparative des positions de Hegel et Spinoza sur cette question, cela a déjà été fait [2]. La question qui guide notre enquête est de savoir si l'on peut définir la négation comme une dimension de la réalité quand cette réalité n'est pas de la pensée.

### « *Determinatio negatio est* » – Spinoza

Les définitions 2 et 5 de l'*Éthique* I impliquent que toute chose *déterminée* et *finie* est une négation :

> II. Est dite finie en son genre, la chose qui peut être limitée par une autre de même nature. Par exemple, un

---

1. Voir B. Spinoza, *Œuvres complètes*, trad. fr. par R. Caillois, M. Francès et R. Misrahi, introd. par R. Caillois, Paris, Gallimard, 1954, Lettre 50 à Jarig Jelles, p. 1230-31, où l'on peut lire l'expression « toute détermination est négation », alors que Spinoza écrit de façon incidente, *determinatio negatio est.*

2. P. Macherey, *Hegel ou Spinoza*, Paris, la Découverte, 1990 (1979).

corps est dit fini parce que nous en concevons toujours un autre plus grand. De même, une pensée est limitée par une autre pensée. Mais un corps n'est pas limité par une pensée ni une pensée par un corps [1].

[...]

V. Par mode, j'entends les affections de la substance, autrement dit ce qui est dans autre chose, par quoi il est aussi conçu [2].

Lorsque Spinoza écrit « determinatio negatio est », il entend par « determinatio » la définition d'une chose *finie* qui est telle ou telle pensée ou bien tel ou tel corps. À proprement parler, il n'y a pour Spinoza aucune négation *réelle* dans une chose infinie, que cette « chose » soit conçue comme mode, attribut, ou substance, car la substance infinie est la réalité intégrale, absolument illimitée, tout comme le sont aussi ses modes infinis ou ses attributs, en nombre infini.

Il serait vain d'objecter que, pourtant, dans l'explication que Spinoza donne à la définition de Dieu comme être absolument infini, Spinoza écrit :

> Je dis absolument infini, et non pas seulement en son genre ; car de ce qui est infini seulement en son genre, nous pouvons nier une infinité d'attributs ; [...]

Car certes, si la Pensée, attribut de la substance divine, *n'est pas* l'attribut Étendue, cette négation lui reste extérieure et ne la définit pas, comme le montre la suite de la précédente citation :

> mais pour ce qui est absolument infini, tout ce qui exprime une essence et n'enveloppe aucune négation appartient à son essence [3].

---

1. B. Spinoza, *Œuvres complètes*, *op. cit.*, p. 309.
2. *Ibid.*, p. 310.
3. *Ibid.*

Attributs et modes infinis expriment tous une seule et même unique substance, par conséquent n'enveloppent – c'est-à-dire n'impliquent – aucune négation. La définition spinoziste de l'idée adéquate de la négation peut donc être formulée ainsi :

DÉFINITION 5 (*idée adéquate de la négation selon Spinoza*). Par le fait d'exister en acte de manière déterminée, tout mode fini est l'expression partielle d'une négation réelle ou vraie, dont la cause immanente est la substance divine qui en elle-même n'enveloppe aucune limitation, c'est-à-dire n'est définie par aucune négation [1].

Il y a donc pour Spinoza une équivalence entre « x est fini » et « x est l'expression partielle d'une négation », comme l'atteste le scolie I de la proposition 6 de *l'Éthique* I :

> Comme, à vrai dire, le fini est en partie une négation et l'infini l'affirmation absolue de l'existence d'une nature quelconque, il suit de la seule proposition 7 que toute substance doit être infinie [2].

Une chose finie n'est donc une négation que pour autant qu'elle est limitée par d'autres choses (qui ne peuvent la limiter que parce qu'elles sont de même nature qu'elles). Mais une chose finie n'est jamais *qu'en partie* une négation, dans les deux sens de cette expression : d'une part parce qu'elle est une partie de la Nature et, d'autre part, parce que si on la conçoit par elle-même, à partir de son effort pour persévérer dans son être, il n'y a rien de négatif en elle, mais elle est pure affirmation d'elle-même [3].

---

1. Évidemment Spinoza n'est pas l'auteur de cette définition. Nous l'assumons comme une synthèse de la pensée spinoziste de la négation.
2. *Ibid.*, p. 314.
3. *Ibid.*, *Éthique* III, prop. 6, 7, 8, p. 421.

Achevons provisoirement[1] cet exposé synthétique de la pensée spinoziste de la négation en insistant sur la portée existentielle et morale de cette théorie. Du point de vue spinoziste, la négation réelle est l'expression d'une passivité de l'esprit et d'idées inadéquates, c'est-à-dire d'idées « mutilées et confuses »[2], c'est pourquoi Spinoza écrit :

> Nous voyons donc que les passions ne se rapportent à l'esprit qu'en tant qu'il contient (*habet*) quelque chose qui enveloppe une négation, autrement dit en tant qu'on le considère comme une partie de la Nature qui ne peut être perçue clairement et distinctement par soi et abstraction faite des autres[3].

Si l'on poursuit la réflexion de Spinoza, on peut donc dire qu'une pensée est d'autant plus active ou d'autant plus libre qu'elle se comprend par elle même, de manière positive, sans un rapport négatif aux autres pensées auxquelles elle s'oppose en les déclarant fausses, car « il n'y a dans les idées rien de positif qui permet de les dire fausses »[4]. C'est parce qu'une pensée vraie se reconnaît d'elle-même comme étant vraie qu'elle s'accorde avec son objet et montre qu'il n'y a rien de réel ou rien de positif dans les pensées fausses[5]. C'est parce qu'un être est limité qu'on peut dire qu'il est déterminé comme n'étant pas les autres êtres de même nature qui s'opposent à lui, mais il n'y a rien de négatif dans l'idée vraie de ces êtres qui se limitent entre eux. Toute connaissance adéquate de la Nature ou de la substance divine est donc par définition une connaissance purement positive, débarrassée du négatif.

---

1. Nous reprendrons la question de la pensée spinoziste de la négation dans la seconde partie de cet ouvrage.
2. Voir *Éthique* III, prop. 29, corollaire.
3. B. Spinoza, *Éthique* III, dans *Œuvres complètes*, *op. cit.*, scolie de la prop. 3, p. 421.
4. *Ibid.*, *Éthique* II, prop. 33, p. 388.
5. *Ibid.*, « Verum index sui, et falsi », Lettre 76 à Albert Burgh, p. 1290.

*Négation et négation de la négation* – Hegel

Hegel voit dans le système de Spinoza le commencement nécessaire de toute entreprise philosophique authentique [1] et cela n'a rien d'un hasard. À l'instar de Spinoza, Hegel considère que la Logique de son système permet une connaissance intellectuelle du réel. Spinoza et Hegel ont pour point commun d'être des philosophes *dogmatiques*, au sens kantien que Vuillemin donne à ce mot [2], c'est-à-dire au sens où ils considèrent tous deux que leur système offre la connaissance systématique et intégrale du monde, et où ils ne restreignent pas l'activité philosophique à l'examen critique des conditions de possibilités de la connaissance de la réalité. Mais les systèmes dogmatiques s'opposent et le système de Hegel s'oppose à celui de Spinoza sur la portée ontologique de la négation.

Conçue par l'entendement, c'est-à-dire indépendamment du pouvoir des mots et de l'imagination, la négation apparaît dans le système spinoziste comme ce qui est enveloppé par la nature de n'importe quel mode fini, en tant qu'il est fini. Mais que la négation soit propriété du *mode* fini, et non du sujet, non de la substance, c'est ce qui est inacceptable pour Hegel, comme le souligne avec talent Macherey :

> Ici s'esquisse la distinction, scandaleuse pour Hegel, entre substance et sujet : la substance est ce qui ne peut

---

1. G.W.F. Hegel, *Encyclopédie des Sciences Philosophiques*, op. cit., p. 584, n. 2.

2. Pour un dogmatique, ce qui est établi par les lois de la logique classique correspond à ce qui est, *indépendamment des procédures de preuves dont on dispose*. Pour un dogmatique il y a donc des vérités mathématiques, ou des idéalités transcendantes à la connaissance, ce que l'intuitionniste comme le sceptique refusent d'admettre. Voir J. Vuillemin, *Nécessité ou contingence : l'aporie de Diodore et les systèmes philosophiques*, Paris, Éditions de Minuit, 1997 (1984), p. 209.

> être sujet, dans la mesure où, étant absolue, donc indé-
> terminée, elle ne peut être déterminée comme un tout ;
> inversement, le sujet est ce qui, d'après sa limitation
> propre, ne peut être substance [1].

Pour Hegel, Spinoza a eu le mérite de comprendre que
la négation a une réalité ontologique lorsqu'il a caractérisé la
détermination de toute chose finie comme négation, mais il a
placé la négation à l'extérieur de la chose finie, dans le fait
qu'elle est limitée par d'autres choses plus grandes, alors que
la négation est interne à la chose même. C'est pourquoi juste
après avoir rendu hommage à Spinoza en écrivant

> L'assise fondamentale de toute déterminité est la néga-
> tion (*omnis determinatio est negatio*, – comme dit
> Spinoza) [2].

Hegel ajoute au paragraphe suivant :

> La négation est, dans l'être là, encore immédiatement
> identique à l'être, et cette négation est ce qui nous appe-
> lons la limite. Quelque chose n'est ce qu'il est que *dans*
> sa limite et *par* sa limite. On ne peut donc pas considérer
> la limite comme simplement extérieure à l'être-là, mais
> elle traverse bien plutôt l'être-là tout entier [3].

Puis il s'empresse de préciser qu'il donne un sens *qualitatif* au
terme *limite* et on comprend à la lecture de ses exemples que
la limite qualitative est pour lui le fait de déterminer par un
concept une chose finie :

> Si nous considérons, par exemple, un fonds de terre
> de trois arpents, c'est là sa limite quantitative. Mais en

---

1. P. Macherey, *Hegel ou Spinoza*, op. cit., p. 160.
2. G.W.F. Hegel, *Encyclopédie des Sciences Philosophiques*, op. cit.,
Add. § 91, p. 525.
3. *Ibid.*, Add. § 92, p. 526.

outre, ce fonds de terre est aussi une prairie et non pas un bois ou un étang, et c'est là sa limite qualitative.

Il semblerait donc que Hegel critique Spinoza parce que celui-ci n'a pas vu que toute détermination d'une chose finie est une négation en tant que la négation réside dans la détermination conceptuelle d'une chose finie. Autrement dit, tout chose finie est négation parce qu'une chose finie n'est pas toutes les choses qui ne sont pas elle, comme l'avait déjà remarqué Platon dans *le Sophiste*. Mais l'originalité de Hegel est de penser que le caractère négatif de la détermination conceptuelle n'est pas seulement conceptuel, mais à la fois réel *et* historique, ou plus exactement réel *parce qu'*historique.

La négation ne se pense correctement pour Hegel qu'à partir du *travail du négatif*, c'est-à-dire à partir des efforts concrets que les hommes font dans l'histoire pour affronter leurs déterminations finies et les dépasser progressivement dans une dialectique qui ne peut pas être correctement décrite de façon abstraite, vidée de son contenu historique. À vrai dire, pour comprendre effectivement ce que Hegel entend par « négation » ou par « travail du négatif », il faudrait développer le contenu de la *Phénoménologie de l'Esprit*, mais aussi celui des *Leçons sur la Philosophie de l'Histoire*, comme finalement toute œuvre de Hegel qui est l'exposé concret de cette dialectique et qui permet de penser, comme l'écrit Hegel dans cette formule célèbre :

> une forme de la vie qui a vieilli et [...] ne se laisse pas rajeunir avec du gris sur du gris, mais seulement connaître [1].

---

1. G.W.F. Hegel, *Principes de la philosophie du droit ou droit naturel et science de l'État en abrégé*, trad. fr. par R. Derathé, Paris, Vrin, 1982 (1821), p. 59.

C'est donc très justement que Labarrière écrit

> La « méthode » dialectique n'est rien d'autre que le refus
> de toute extériorité dans le traitement de la vérité [1].

Il n'y a donc, à rigoureusement parler, pas d'autres moyens
pour exposer fidèlement ce qu'est la négation pour Hegel que
de renvoyer le lecteur à la lecture intégrale de cette œuvre
monumentale. Une définition abstraite de la négation selon
Hegel est donc condamnée à l'insuffisance de toute abstraction. Ainsi ce qu'écrit par exemple Hegel dans la *Science de
la Logique* reste une abstraction si l'on ignore que la définition
hégélienne de la négation enveloppe la réalité historique dans
laquelle elle se réalise. Nous ne pouvons donc qu'assumer le
caractère abstrait de cette dernière définition de la négation,
donnée à partir d'une note des traducteurs de la *Science de la
logique* :

DÉFINITION 6 (*négation réelle ou historique selon Hegel*). La
négation n'est la vérité de l'être-là déterminé que pour autant
qu'elle se pose, dans son procès développé, comme négation
de la négation. Telle est l'infinité (ou le réel), – simplicité
*devenue* par la sursomption [*Aufhebung*] de l'être-autre [2].

Nous allons expliquer en conclusion les raisons pour lesquelles nous ne retiendrons pas cette dernière définition de la
négation.

---

1. P.-J. Labarrière, *Structures et mouvement dialectique dans la*
Phénoménologie de l'Esprit *de Hegel*, introd. par J. Brunschwig, Paris,
Aubier, 1984 (1968), p. 48.
2. G.W.F. Hegel, *Science de la logique: édition de 1812*, sous la dir.
de P.-J. Labarrière et G. Jarczyk, Paris, Aubier-Montaigne, 1972 (1812),
n. 161, p. 113

## CONCLUSION

De manière implicite ou explicite, la section précédente pose les questions suivantes :

($i$) une théorie métaphysique de la négation est-elle possible ?

($ii$) la définition platonicienne du Non-être est-elle métaphysique ?

($iii$) la négation est-elle la détermination d'une chose finie ?

($iv$) la vraie négation est-elle la négation de la négation ?

Aucune de ces questions n'a reçu une réponse claire. La conclusion va s'efforcer de réparer cette lacune.

Qu'entendre par « théorie métaphysique de la négation » ? Nous désignons par cette expression toute théorie qui accorde à la négation une portée ontologique ou, plus précisément, toute théorie qui assume la thèse selon laquelle l'analyse de la négation doit conduire à une connaissance qui ne concerne pas uniquement le langage, mais aussi la réalité à laquelle le langage fait référence. Si l'on reprend toutes les définitions de la négation que l'on a précédemment données, on peut remarquer que seules les définitions 1, 5 et 6 ont une portée ontologique, les autres sont neutres vis-à-vis de cette question [1]. En effet, les définitions 2, 3 et 4 ne disent rien sur le réel, mais indiquent seulement comment l'on peut dire quelque chose à son sujet par l'usage de la négation qu'elles définissent. Une théorie métaphysique (ou ontologique) de la négation n'est possible qu'à la condition qu'existe dans cette théorie une définition de la négation qui fasse référence à autre chose qu'à sa signification logique ou linguistique.

---

1. Pour les définitions 1, 2, 3, 4, 5 et 6 voir respectivement les pages 24, 34, 42, 48, 67 et 72.

*Critique des métaphysiques incohérentes*

Si l'on choisit de fonder une théorie de la négation sur la définition hégélienne de la négation, on rencontre inévitablement une série de difficultés logiques à laquelle sont en général insensibles tous les philosophes qui soutiennent que la contradiction existe non seulement dans la conjonction de certaines phrases, mais dans les choses elles-mêmes, dans les événements ou dans les choses sensibles. La première difficulté est qu'une telle théorie distingue la négation qui relève de la « logique de l'entendement » de la négation vivante qui appartient à la Logique dialectique, mais tout en les distinguant, elle les réconcilie puisque cette philosophie conçoit l'Absolu comme « l'identité de l'identité et de la non-identité » [1]. Il s'agit donc, dans cette perspective, d'accepter à la fois le principe de contradiction qui vaut pour la logique d'entendement, et de le dépasser dans la Logique dialectique qui permet de comprendre la limitation d'un tel principe, et donc de le nier, pour enfin nier cette négation elle-même au sein de la réconciliation qu'est le Savoir absolu. Une telle théorie métaphysique de la négation donne à la négation des significations multiples [2], qui doivent être, en raison du dépassement du principe de contradiction, à la fois identiques et différentes.

Celui qui assume la philosophie de la *Science de la Logique*, répondra que ces difficultés logiques n'existent que du point de vue de la connaissance abstraite et formelle de l'entendement, extérieur à la connaissance de la Raison qui est connaissance du réel ou de l'histoire effective. À partir du rejet hégélien de la valeur absolue du principe de contradiction comme condition *sine qua non* de toute connaissance rationnelle, sont nées d'autres théories qui toutes, à des degrés

1. G.W.F. Hegel, *Encyclopédie des Sciences Philosophiques*, *op. cit.*, p. 119, n. 17.
2. Voir l'index des matières dans G.W.F. Hegel, *Science de la logique*, *op. cit.*

divers, admettent l'idée que la réalité non verbale contient du négatif, ou du contradictoire, et qu'il revient à la philosophie d'interpréter ces contradictions réelles. Plus que des théories métaphysiques de la négation, ces théories sont des métaphysiques de la contradiction. Elles trouvent aujourd'hui un achèvement dans le dialéthéisme de Priest, théorie selon laquelle des « contradictions vraies » existent. L'acceptation quasi unanime du principe de contradiction selon lequel toute contradiction est fausse et ne dénote rien de réel est, aux yeux de Priest, une erreur récurrente dans l'histoire de la logique [1]. Le dialéthéisme a pour ambition de corriger cette erreur et les résistances qu'il rencontre sont l'indice – au moins aux yeux de son inventeur – qu'une telle idée a toute l'apparence d'une révolution scientifique authentique [2]. Un historien des idées montrera peut-être un jour la logique du développement philosophique qui part de Hegel pour aller jusqu'à Priest en passant par Engels et Heidegger, philosophes à qui Priest rend un hommage appuyé. On remarquera qu'il n'est logiquement pas possible de réfuter une théorie qui accepte la contradiction en son sein [3], car la réfutation de la théorie de Priest, comme de toute théorie qui admet l'existence de « contradictions vraies », n'est que la répétition de

---

1. G. Priest, *Beyond the Limits of Thought*, *op. cit.*, p. 248.
2. G. Priest, *In Contradiction: a Study of the Transconsistent*, Oxford, Clarendon Press-Oxford University Press, 2006 (1987), p. XV.
3. Ce point serait contesté par Priest qui considère que sa théorie est cohérente, en contradiction d'ailleurs avec la définition communément admise de la cohérence d'une théorie : $T$ est cohérente si et seulement s'il est impossible de *prouver* l'existence d'une contradiction assumée par $T$. Priest change de logique en assumant la thèse choquante selon laquelle *certaines* contradictions sont *vraies*. Il est donc impossible de réfuter Priest en admettant ce qui est admis en logique minimale : le faux est *toujours dérivable* d'une contradiction.

la théorie elle-même, et donc n'est pas la réfutation de cette théorie[1].

Une théorie *cohérente* de la négation doit nécessairement respecter le principe logique selon lequel la conjonction d'un énoncé quelconque et de sa négation est toujours contradictoire, donc a toujours pour valeur le faux et ne peut jamais être satisfaite, dans aucun monde possible. Sinon, le simple fait d'admettre la logique minimale au sein d'une théorie contradictoire implique qu'on peut prouver la négation de tout énoncé, pourvu que l'on se donne la liberté de formuler des hypothèses avec cette théorie pour contexte. En d'autres termes, si l'on accepte à la fois une théorie contradictoire $\Gamma$ et que l'on considère que les règles de la logique minimale sont correctes dans $\Gamma$, alors on prouve très facilement que $\Gamma$ peut réfuter n'importe quel énoncé[2]. Or accepter les règles de la logique minimale est en général bien le moins que l'on peut faire lorsqu'on définit une théorie scientifique. Mais si l'on accepte une logique plus forte que la logique minimale,

---

1. En effet, si $D$ est la théorie de Priest, et si l'on montre que $D$ implique une contradiction, donc si l'on prouve $D \rightarrow \bot$, on ne pourra pas affirmer que $D$ est une théorie fausse (car pour Priest $\neg D$ et $D \rightarrow \bot$ ne sont pas équivalents, voir G. Priest, *In contradiction*, *op. cit.*, p. 286, n. 6) mais on ne fera que montrer que, si l'on accepte $D$, on reconnaît que la contradiction existe comme *objet*, qu'il y a au moins une constante du faux, plus exactement du contradictoire, ce qui est la thèse de la théorie de Priest.

2. *Preuve* : Soit $\Gamma$ une théorie contradictoire (axiome), supposons $A$ avec $\Gamma$ pour contexte (règle d'affaiblissement), alors la négation de $A$ est déductible de $\Gamma$, par application de la règle d'introduction de la négation (voir la note 1 p. 48) :

$$\frac{\dfrac{\dfrac{}{\Gamma \vdash \bot} \; ax.}{\Gamma, A \vdash \bot} \; aff.}{\Gamma \vdash \neg A} \; \neg\mathbf{I}$$

Donc la logique *minimale* montre que toute théorie contradictoire permet de déduire la négation de n'importe quelle proposition. C.Q.F.D.

alors on reconnaît qu'une théorie contradictoire permet de prouver tout énoncé, qu'il soit positif ou négatif [1]. Une théorie cohérente de la négation ne peut donc nier ni le principe de contradiction ni la définition 4 de la négation selon lesquels nier un énoncé équivaut à affirmer que cet énoncé *implique* le faux. Si une métaphysique cohérente de la négation est possible, elle ne peut donc pas contredire Aristote lorsqu'il écrit :

> [...] il est impossible, pour une chose, d'être et de n'être pas en même temps, et c'est en nous appuyant sur cette impossibilité que nous avons montré que ce principe est le plus ferme de tous [2].

Dire d'une chose qu'à chaque instant elle existe et n'existe pas et qu'elle vérifie et ne vérifie pas une propriété donnée, c'est énoncer quelque chose que l'on conçoit comme impossible [3]. L'opposition d'une affirmation et de la négation du même énoncé au sujet d'une même chose est précisément ce qu'Aristote appelle la *contradiction* [4] ; il appartient donc à la contradiction d'avoir pour propriété de n'être *jamais* vraie.

Nous avons vu avec Platon que le Non-être se définit comme ce qui est toujours l'Autre de l'Être, c'est-à-dire comme ce qui n'est jamais vrai. Est-il alors nécessaire de reconnaître que la définition du Non-être a une portée métaphysique puisque toute négation d'un énoncé faux est un

---

1. Une théorie plus forte que la logique minimale est une théorie qui contient celle-ci et qui, comme la logique intuitionniste, admet la règle du *Ex falso quodlibet*. Voir note 2, page 53. Sur la logique minimale et le problème ouvert de sa sémantique, voir , p. 263-271.

2. Aristote, *La Métaphysique*, trad. fr. par J. Tricot, vol. I, Paris, Vrin, 1981 (1940), Γ, 4, 10006a, 1-5, p. 197.

3. *Ibid.*, Γ, 3, 1005b, 20-22, p. 195.

4. Aristote, *Organon*, trad. fr. par J. Tricot, vol. I, Paris, Vrin, 1984 (1959), *De l'interprétation*, 6, 17a, 30-35, p. 87.

énoncé vrai ? Mais, si l'on se refuse à établir une distinction tranchée entre *ce qui est* et *ce qui existe*, un énoncé n'est-il vrai que si et seulement si cet énoncé correspond à ce qui est ou existe ? En raison de la définition 4 de la négation on se gardera d'une telle conclusion : la preuve qu'il est absurde d'affirmer que *A* est absurde est la preuve de la *possibilité* de *A* mais ne signifie pas que *A* est vrai dans tous les contextes, car on refuse de confondre ce qui est ou existe avec ce qui est possible. On est donc justifié logiquement à refuser de voir dans la définition platonicienne du Non-être une portée nécessairement métaphysique.

### Du caractère intensionnel de la négation intuitionniste

On vient de voir pour quelles raisons une métaphysique cohérente est contrainte de rejeter la définition 6 de la négation. Il reste donc à savoir si les définitions 1 et 5 sont suffisantes pour fonder une connaissance de la négation qui soit à la fois différente d'une théorie purement logique et verbale sans pour autant faire être capable de faire disparaître toute mention de la négation de cette théorie métaphysique de la négation. Le défaut commun des définitions 1 et 5 est leur incapacité à traduire le caractère *intensionnel* de la négation exprimé par la définition intuitionniste [1] qui, à notre avis, permet une compréhension complète des significations intuitives et naturelles de la négation. Nous pensons que les définitions 1 et 5 sont nécessaires, mais non suffisantes pour construire une théorie métaphysique satisfaisante de la négation. Leur insuffisance réside dans le fait qu'elles autorisent toutes deux une description objective purement positive du monde, comparable à celle à laquelle pense Spinoza quand il définit la substance divine [2].

---

1. Voir la définition 4 page 48.
2. On tombe donc d'accord avec Deleuze pour dire que « la philosophie de Spinoza est une philosophie de l'affirmation pure ». Il est difficile de le contester comme le fait Macherey, sans contredire la Définition 6 de

Une théorie métaphysique de la négation cohérente et satisfaisante doit pouvoir rendre compte de ce que la négation
signifie en général et reste donc indissociable d'une théorie
de la signification où la négation est un concept indispensable
à la communication linguistique ; mais une telle théorie ne
permet certainement pas d'affirmer que l'on ne dit rien sur la
réalité lorsqu'on décrit la négation. Voyons maintenant pourquoi la définition intuitionniste de la négation n'est pas purement formelle ou verbale. On sait que la négation d'une proposition, $\neg A$, trouve une expression logiquement équivalente
dans la proposition qui affirme que $A$ implique la constante
du faux : $A \rightarrow \bot$. À la différence de Tennant [1], nous n'interprétons pas cette traduction de la négation comme une simple
commodité syntaxique utile pour les déductions, mais dont on
devrait pouvoir se passer en considérant la négation comme
primitive. Tout au contraire, nous considérons qu'il est éclai-
rant de définir $\neg A$ par $A \rightarrow \bot$. Il s'agit d'expliquer ce que
symbolise ce signe de la constante du faux si l'on veut définir
une théorie de la négation qui dépasse le formalisme. On
ne pourra ici que l'esquisser et cette esquisse achèvera notre
propos.

L'enfant que vous rabrouez en lui disant « va voir là-bas
si j'y suis » réalise assez rapidement l'absurdité de l'expression et ne va jamais vous chercher là-bas alors qu'il vous
sait ici. L'apprentissage de la maîtrise du langage ordinaire,
toujours en relation avec l'expérience sensible, nous permet
de définir un certain nombre d'impossibilités concrètes. Il est
impossible que ma main soit à la fois totalement humide et

---

l'*Éthique* I ainsi que la proposition 33 de l'*Éthique* II. Voir G. Deleuze,
*Spinoza et le problème de l'expression*, Paris, Éditions de Minuit, 1998
(1968), p. 51 et P. Macherey, *Hegel ou Spinoza, op. cit.*, p. 175-176.
   1. N. Tennant, « Negation, Absurdity and Contraricty », dans
D. Gabbay et H. Wansıg (eds.), *What is Negation?*, Dordrecht, Kluwer,
1999, p. 199-222.

totalement sèche. Impossible que cette page soit totalement blanche, mais avec des taches de couleur. « De même, nous ne pouvons pas, après connaissance de la nature des corps, forger la fiction d'une mouche infinie »[1], tout comme enfin il nous paraît physiquement impossible que quelqu'un ait mal à la dent de quelqu'un d'autre[2].

En apprenant un langage ou d'une théorie (il est inutile ici de distinguer ces deux expressions), nous apprenons aussi à identifier des instances de l'absurdité : en apprenant l'arithmétique, nous apprenons aussi qu'il est toujours faux d'écrire « $0 = 1$ », tout comme en apprenant notre langue maternelle nous réalisons qu'il existe des propositions décrivant des situations que nous concevons comme à jamais impossibles. En logique du premier ordre, le symbole $\perp$ symbolise n'importe quelle contradiction, mais on peut très bien considérer qu'il symbolise n'importe quelle formule fausse en arithmétique, tout comme il peut symboliser n'importe quelle évidente contradiction ou n'importe quelle proposition évidemment fausse dans un contexte où l'on fait usage du langage ordinaire. D'un point de vue logique qui contient la logique minimale, définir $\neg A$ par $A \rightarrow \perp$ c'est affirmer que nier une proposition $A$ équivaut à l'affirmation selon laquelle on est en mesure de montrer que la supposition de $A$ implique un énoncé dont on peut montrer la fausseté dans le contexte où l'on s'exprime[3].

1. B. Spinoza, *Traité de la réforme de l'entendement*, dans *Œuvres complètes*, *op. cit.*, § 58, p. 121.

2. L. Wittgenstein, *Remarques philosophiques*, sous la dir. de R. Rhees, trad. fr. par J. Fauve, Paris, Gallimard, 1984 (1964), § 60, p. 88.

3. Cette explication de la signification de la définition intuitionniste de la négation est en accord, à notre avis, avec l'analyse Dummett et en désaccord avec la polémique de Cook et Cogburn contre celle-ci. Voir M. Dummett, *Elements of Intuitionism*, Oxford-New York-Auckland, Oxford University Press, 2000 (1977), p. 11, et R.T. Cook et J. Cogburn, « What Negation Is Not: Intutionism and '$0 = 1$' », *Analysis* 6.1 (2000), p. 5-12.

Si nous répugnons à admettre que la contradiction peut avoir une quelconque vérité, c'est précisément parce que nous concevons comme une vérité nécessaire le fait que s'il est prouvé que ce qu'exprime une idée $A$ implique une contradiction, alors cette preuve équivaut à affirmer l'impossibilité de ce qu'exprime $A$[1]. Or l'impossible se définit comme ce qui ne peut logiquement pas se réaliser, ce qui n'a aucune existence dans aucun monde représentable. Enfin un énoncé qui implique contradiction est le dual d'un énoncé prouvé : il est aussi certainement faux qu'un énoncé prouvé est certainement vrai. Tout système philosophique ou logique qui assume l'idée que le contradictoire peut être vrai est conduit d'une façon ou d'une autre à renier cette intuition logique élémentaire selon laquelle la contradiction proprement dite équivaut à l'impossible et donc n'a pas de vérité ou de réalité. Nous laissons le lecteur réfléchir à la question de savoir si nos intuitions logiques à la fois naturelles et élémentaires ont moins de solidité et moins de certitude que les systèmes logiques ou philosophiques qui les nient ou les malmènent. En ce qui nous concerne, il nous semble plus sûr de fonder la connaissance sur une logique qui assume l'idée qu'aucune contradiction n'est vraie et qu'aucune théorie cohérente ne peut prouver l'absurde.

Que l'on puisse accorder des significations et des nuances multiples à la négation montre nos capacités d'adaptation et d'invention, mais cela ne signifie pas que toutes les significations de la négation sont équivalentes ni que toutes les théories de la négation sont correctes ou se valent. Pour résumer ce que la théorie que l'on a tenté de développer ici, les définitions 1

---

1. Ce qui s'exprime par le fait que la formule

$$\Box(\Box(p \to \bot) \leftrightarrow \neg\Diamond p) \tag{8}$$

est un théorème de la logique modale la plus élémentaire, c'est-à-dire du système **K**, tout comme c'est aussi une théorème en logique modale intuitionniste.

à 5 expriment de façon abstraite les modèles mentaux [1] que nous construisons pour exprimer le rejet, l'échec, la limite ou la borne, ou la réfutation. Ces modèles de la négation peuvent être indéfiniment modifiés au gré de l'inventivité des théories logiques et philosophiques, mais certains de ces modèles sont mis en échec par la réalité ou par la réflexion et il est impossible de tous les accepter sans tomber dans une théorie contradictoire de la négation. Une théorie qui permettrait de comprendre en détail comment nous forgeons ces modèles de la négation pourrait peut-être indifféremment être conçue comme une métaphysique ou une ontologie de la négation, ou comme une entreprise qui relève de l'épistémologie naturalisée, pour reprendre une expression de Quine qui provoque l'aversion de certains philosophes.

Concluons en reconnaissant que ce qui précède n'est que l'esquisse d'une théorie cohérente de la négation. D'un point de vue épistémologique, des mathématiques jusqu'à la sociologie, on ne peut ni ne doit écarter *a priori* aucune science pour enrichir une théorie de la négation ; or en partant de la psychologie pour aller jusqu'à la métaphysique en passant par la logique, nous avons dû laisser de côté un grand nombre de traitements de la question, notamment les travaux des linguistes. Cette théorie de la négation doit son caractère complet à l'adoption de la logique intuitionniste qui est une logique plus fine que la logique classique et qui, en raison de son caractère intensionnel et de sa capacité à traduire nos intuitions modales, est préférable à la logique classique pour fonder une théorie satisfaisante de la négation. Mais ce choix implique que l'on se défasse du préjugé qui consiste à croire que la logique classique est la logique de base de la connaissance humaine, et que l'on repousse les complications

---

1. P.N. Johnson-Laird, *Mental models: towards a cognitive science of language, inference, and consciousness*, Cambridge, Cambridge University Press, 1983.

et les subtilités des logiques « paraconsistantes » [1]. Comme le souligne Beall [2] avec justesse, la rivalité entre théories logiques n'est pas une simple possibilité, mais une réalité. Cette rivalité implique donc un choix et un tel choix est philosophique parce que ses conséquences dépassent le domaine des sciences. S'il est vrai que toute détermination est négation, l'exercice de la philosophie n'échappe pas à cette règle.

---

1. Une logique « paraconsistante » par définition ne reconnaît pas la règle d'absurdité admise par la logique intuitionniste : $\neg A, A \vdash_i B$. La Logique du Paradoxe de Priest (**LP**) est un exemple de logique paraconsistante.

2. J.C. Beall, *Logic, op. cit.*, p. 21.

# TEXTES ET COMMENTAIRES

# TEXTE 1

SPINOZA
*Éthique* II, proposition 49 [1]

PROPOSITION XLIX. Il n'y a dans l'esprit d'autre vouloir, ou d'autre affirmation et négation que celle qu'enferme l'idée en tant qu'elle est idée.

*Démonstration.* Il n'y a dans l'esprit (*proposition précédente*) aucune faculté absolue de vouloir ou de ne pas vouloir, mais seulement des vouloirs particuliers, c'est-à-dire telle ou telle affirmation, telle ou telle négation. Concevons donc quelque vouloir particulier, c'est-à-dire un mode de la pensée par lequel l'esprit affirme que les trois angles d'un triangle sont égaux à deux droits. Cette affirmation entraîne le concept ou l'idée du triangle, c'est-à-dire ne peut être conçue sans l'idée du triangle. En effet, lorsque je dis que *A* entraîne le concept de *B*, c'est la même chose que si je disais que *A* ne peut être conçu sans *B*. Or, cette affirmation ne peut être (*axiome* 3), sans l'idée du triangle ; donc cette affirmation ne peut être ni être conçue sans l'idée du triangle. Or, cette idée du triangle doit renfermer cette affirmation, que ses trois angles sont égaux à

1. B. Spinoza, *Éthique*, trad. fr. par H. de Boulainvilliers, introd. et notes par F. Colonna d'Istria, A. Colin, 1907, p. 117-122; traduction revue par l'auteur.

deux droits, et par conséquent *vice versa* cette idée du triangle ne peut être ni être conçue sans cette affirmation ; donc (*définition* 2) cette affirmation appartient à l'essence de l'idée du triangle et n'est autre chose que cette idée même. Ce que nous venons de dire de ce vouloir, puisque nous avons choisi celui-là, doit se dire aussi de tout autre vouloir, c'est-à-dire qu'il n'est que l'idée même.

COROLLAIRE. La volonté et l'intellect ne sont qu'une seule et même chose.

*Démonstration.* La volonté et l'intellect ne sont autre chose que les vouloirs particuliers et les idées (*proposition* 48 *et son scolie*). Or le vouloir particulier et l'idée ne sont qu'une seule et même chose (*proposition précédente*) ; donc la volonté et l'intellect ne sont qu'une seule et même chose.

SCOLIE. Nous avons détruit par ce que nous venons de dire la cause que nous supposons communément à l'erreur. [...] Ceux qui pensent que les idées consistent dans les images qui se forment en nous par la rencontre des corps, [...] regardent les idées comme une peinture muette sur un tableau et, préoccupés de ce préjugé, ils ne voient pas que l'idée, en tant qu'elle est idée, entraîne l'affirmation ou la négation. [...]

La première de ces objections [à cette doctrine] est qu'ils croient que la volonté s'étend plus loin que l'intellect et que par conséquent la volonté on croit fermement établi que la volonté s'étend plus loin que l'entendement, et que par conséquent la volonté diffère de l'intellect. Or la raison sur laquelle ils se fondent, est qu'ils disent avoir éprouvé qu'ils n'ont pas besoin d'une faculté plus grande que celle que nous avons, pour affirmer ou nier une infinité de choses que nous ne percevons pas ; mais qu'ils en ont besoin d'une plus grande pour comprendre : donc la volonté est distinguée de l'intellect en ce que celui-ci est fini et que la volonté est infinie. [...] Quant à cette première [objection], j'accorde que la volonté s'étend plus loin que l'intellect, si par entendement on n'entend que les idées claires et distinctes ; mais je nie que la volonté s'étende plus loin que les perceptions, ou la faculté de concevoir, et je ne vois pas bien pourquoi on doit plutôt regarder comme infinie la faculté de vouloir que la faculté de sentir. En effet, comme nous pouvons avec la même faculté de vouloir, affirmer des infinités de choses, mais cependant l'une après l'autre, car nous ne pouvons les affirmer toutes ensemble, de même nous ne pouvons avec la même faculté de sentir percevoir ou sentir des corps à l'infini, mais aussi l'un après l'autre. S'ils disent qu'il y a des infinis que nous ne pouvons percevoir, je réponds que nous ne pouvons les percevoir par la faculté de la pensée, et conséquemment les vouloir par la faculté de la volonté. [...] Nous avons fait voir en effet que la volonté est un être universel, ou une idée par laquelle nous expliquons tous les vouloirs particuliers, c'est-à-dire ce qui est commun à tous ces vouloirs. Ainsi, puisqu'on croit que cette idée commune et universelle de tous les vouloirs est une faculté, il n'est point étonnant qu'on dise que cette faculté s'entend dans l'infini, au-delà des bornes de l'intellect. En effet, ce qui est universel se dit également d'un et de plusieurs, comme d'une infinité d'individus.

# COMMENTAIRE

## UNE THÉORIE NOMINALISTE DE LA NÉGATION EST-ELLE POSSIBLE ?

*Objections contre la proposition 49 de l'*Éthique *II.*

Il est évident que la proposition 49 de l'*Éthique* II est une critique destructive de la théorie du jugement que Descartes a développée dans la *Méditation quatrième*. Par « théorie du jugement » il faut entendre théorie de l'affirmation et de la négation, ainsi que théorie de l'erreur. Il est remarquable que Descartes et Spinoza semblent qualifier l'erreur de la même façon. Spinoza soutient dans cette même partie de l'*Éthique* qu'« il n'y a dans les idées rien de positif qui permette des les dire fausses »[1], et cette proposition comme sa démonstration rappellent ce qu'écrit Descartes :

> Ainsi je connais que l'erreur, en tant que telle, n'est pas quelque chose de réel qui dépend de Dieu, mais que c'est seulement un défaut ; et partant, que je n'ai pas besoin pour faillir de quelque puissance qui m'ait été donnée de Dieu particulièrement pour cet effet, mais qu'il arrive que je me trompe, de ce que la puissance que Dieu m'a donnée pour discerner le vrai d'avec le faux n'est pas en moi infinie[2].

1. B. Spinoza, *Éthique*, dans *Œuvres complètes*, *op. cit.*, prop. 33, p. 388.
2. R. Descartes, *Méditations métaphysiques*, *op. cit.*, p. 137.

L'infini étant en Dieu et non dans les choses finies, Spinoza après Descartes affirme dans la proposition 32 de l'*Éthique* II que toutes les idées, en tant qu'elles sont rapportées à Dieu sont vraies, ce qui semble encore une fois s'accorder sur ce point avec ce qu'écrit Descartes. Il est encore plus remarquable que Descartes et Spinoza définissent tous deux la négation comme la privation qui définit tout être fini, comme on le voit dans la suite du texte de Descartes précédemment cité, où Descartes distingue l'erreur de la « pure négation » :

> Toutefois cela ne me satisfait pas encore tout à fait ; car l'erreur n'est pas une pure négation, c'est-à-dire n'est pas le simple défaut ou manquement de quelque perfection qui ne m'est point due, mais plutôt une privation de quelque connaissance qu'il semble que je devrais posséder[1].

Cependant, la différence entre Spinoza et Descartes apparaît nettement dans ce mot lâché par Descartes au sujet de l'erreur : l'erreur n'est pas synonyme de connaissance finie, car une connaissance finie peut être conçue comme dénuée d'erreur. L'erreur est quelque chose qui, dès lors qu'elle est comprise, s'accompagne de l'impression qu'elle *aurait pu être évitée*. D'un point de vue déterministe strict adopté par Spinoza, l'erreur est bien un défaut de connaissance, mais l'idée mutilée et confuse dont elle est la cause appartient à un ordre naturel qui n'aurait pas pu être autre que celui qui a été. La théorie spinoziste de l'erreur est donc tout entière guidée par les conclusions morales de la fin du scolie de la proposition 39 :

> Cette doctrine est utile à la vie sociale en tant qu'elle enseigne à ne haïr personne, à ne mépriser personne, à ne se moquer de personne, à ne se fâcher contre personne [...].

---

1. *Ibid.*, p. 137.

Du point de vue de Spinoza, la théorie correcte du jugement nous enseigne que nul ne commet une erreur en raison du mauvais usage de son libre arbitre, contrairement à ce que soutient Descartes qui écrit :

> mes erreurs [...] dépendent du concours de deux causes, à savoir, de la puissance de connaître qui est en moi, et de la puissance d'élire, ou bien de mon libre arbitre : c'est-à-dire de mon entendement, et ensemble de ma volonté. Car par l'entendement seul je n'assure ni ne nie aucune chose, mais je conçois seulement les idées des choses, que je puis assurer ou nier. Or, en les considérant ainsi précisément, on peut dire qu'il ne se trouve jamais en lui aucune erreur, pourvu qu'on prenne le mot d'erreur en sa propre signification [1].

C'est donc, pour Descartes, par l'exercice qui consiste à restreindre ma volonté à ne s'appliquer qu'à affirmer ce qui est indubitablement prouvé, ou à nier ce qui est indubitablement réfuté, que l'on peut se garder de l'erreur ; les autres idées ne pouvant pas être à proprement parler des erreurs si elles ne font pas l'objet d'un jugement, c'est-à-dire d'une affirmation ou d'une négation.

Le scolie de la proposition 39 de l'*Éthique* II est intégralement dirigé contre cette doctrine cartésienne du jugement, et précisément contre l'idée selon laquelle affirmation et négation pourraient être et être conçues indépendamment de l'idée en tant qu'idée. C'est à dessein que Spinoza prend pour exemple de « volition singulière », dans la démonstration de cette proposition, l'exemple rebattu de ce théorème de géométrie euclidienne sur la somme des angles d'un triangle.

Notons qu'il n'est pas naturel pour un cartésien de définir ce théorème comme une « volition », car il ne dépend précisément pas de ma volonté. Mais puisque le théorème fait

---

1. R. Descartes, *Méditations métaphysiques*, *op. cit.*, p. 139.

l'objet d'une assertion, et que l'affirmation comme la négation dépendent de la volonté pour Descartes, il semble alors
impossible de rejeter l'exemple ni la conclusion de la démonstration qui s'appuie sur cet exemple : il n'y aurait donc pas
de sens, si la démonstration de Spinoza est correcte, à établir
une distinction réelle entre l'affirmation (ou la négation) d'une
idée, et l'idée elle-même.

La clarté de la démonstration et la force polémique de
ce passage de l'*Éthique* sont telles que certains cartésiens
semblent avoir eu quelques difficultés à s'y opposer, jusqu'au
point d'en faire, finalement, une thèse qui serait au moins en
germe dans la théorie de Descartes. L'idée vraie ou prouvée
est celle à laquelle il est impossible de refuser son assenti-
ment ; cette thèse spinoziste, dit Alquié, semble d'une part être
admise par la plupart des textes de Descartes, « à l'exception
de la Lettre à Mesland du 9 février 1645 ». D'autre part comme
je suis, pour Descartes, « d'autant plus libre que j'ai de raisons
de me déterminer », et que la volonté n'est éclairée que par
des raisons absolument claires et distinctes, Alquié interprète
le corollaire de la proposition 49 selon lequel « la volonté
et l'entendement sont une seule et même chose » comme un
énoncé qui, « à certains égards », « dérive » de la théorie de
Descartes qui nous aurait mis « sur la voie d'une théorie reconnaissant, entre l'entendement et la volonté, quelque identité de
nature »[1].

Il faut ajouter enfin que l'argument polémique de Spinoza,
fondé sur la critique nominaliste des universaux, repose sur
une remarque logique qui semble imparable : en accordant à la
volonté une infinité, on est victime d'une illusion du langage,
car on appelle « volonté » toutes les volontés particulières ou
volitions, qui sont en nombre infini. Mais la volonté *n'ayant
aucune réalité* en dehors des volitions, c'est-à-dire des idées

---

1. F. Alquié, *Le rationalisme de Spinoza*, Paris, P.U.F., 1998 (1981),
p. 217.

singulières, il n'y a aucune raison d'affirmer qu'elle diffère de l'entendement, si on définit ce dernier, non uniquement par les idées claires et distinctes, mais par les perceptions ou la faculté de concevoir. Entendement et volonté sont donc une seule et même chose, c'est-à-dire *rien en dehors des idées singulières* que l'on conçoit de différentes manières, comme conceptions ou comme volitions. Telle est la raison pour laquelle il est correct d'affirmer que la position de Spinoza est ici l'expression d'une position ouvertement nominaliste.

Mais si la critique de Spinoza contre la théorie cartésienne du jugement est séduisante, la démonstration de la proposition 49 est-elle pour autant correcte et irréfutable ? Autrement dit, si affirmation et négation sont, par hypothèse, admises comme dérivant de la volonté, est-il certain que, dans le cas proposé par Spinoza, l'affirmation du théorème sur les angles du triangle a *réellement* pour condition nécessaire l'idée du triangle, et que, par conséquent, l'affirmation du théorème, expression de la volonté, est indissociable de l'affirmation de l'idée du triangle, expression de l'entendement ? La réponse à cette question est négative, car la démonstration de Spinoza est invalide, comme le montrent la proposition suivante et sa preuve, dans le style de Spinoza.

OBJECTION 1. Il est faux que le théorème selon lequel la somme des angles d'un triangle est égale à deux droits ait pour seule condition nécessaire la définition du triangle.

*Démonstration.* La connaissance certaine de l'égalité de la somme des angles d'un triangle et de la somme de deux angles droits enveloppe la connaissance de la preuve de cette égalité. Or cette preuve *n'a pas* pour seule condition nécessaire la définition du triangle comme polygone de trois côtés, mais celle du cinquième *postulat* d'Euclide selon lequel par un point donné, il ne passe qu'une et une seule parallèle à une droite donnée. On peut le comprendre facilement en reprenant la preuve du théorème :

Soit le triangle ABC ; on prolonge le côté AB et on mène par le sommet B la ligne droite BE parallèle au côté opposé AC.

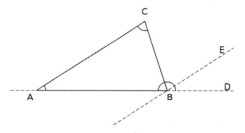

Puisque deux droites parallèles coupées par une sécante, forment des angles alternes-internes de même mesure, les angles ACB, CBE alternes-internes par rapport aux parallèlcs AC, BE et à la sécante BC sont donc égaux. Les angles CAB, EBD sont aussi égaux comme correspondants par rapport aux mêmes parallèles et à la sécante AB. Donc, la somme des trois angles ABC, ACB, CAB du triangle est égale à la somme des trois angles adjacents ABC, CBE, EBD formés sur la ligne droite AD, c'est-à-dire qu'elle est égale à deux angles droits [1].

Comme on le voit à la lecture de la preuve, ce que l'on appelle aujourd'hui « l'axiome des parallèles » est bien la condition nécessaire de la démonstration de ce fameux théorème. Affirmer que « les trois angles d'un triangle sont égaux à deux droits enveloppe le concept du triangle », c'est affirmer une tautologie, puisque l'expression « trois angles d'un triangle » contient déjà le mot « triangle » ; mais c'est dire une absurdité si l'on soutient que le concept de triangle implique celui de droites parallèles, car on peut très bien se représenter le triangle ABC sans définir ni concevoir des

----

1. La rédaction de cette démonstration est celle d'Amiot. Voir : http://fr.wikipedia.org/wiki/Somme_des_angles_d'un_triangle.

droites parallèles. Donc il est faux de soutenir que le théorème selon lequel la somme des angles d'un triangle est égale à deux droits ait pour seule condition nécessaire la définition du triangle.

SCOLIE. On cherchera sans doute à défendre la démonstration de Spinoza en répondant que l'objection 1 est fondée sur une confusion des mots et du concept, confusion qui est propre à l'imagination. Pour défendre Spinoza, on peut également souligner que le concept de triangle *en géométrie euclidienne* – c'est-à-dire le triangle conçu et défini de manière adéquate – implique que la somme de ses angles soit égale à deux droits, et l'on ne manquera pas de souligner qu'on peut prouver le cinquième postulat d'Euclide, dès lors qu'on admet qu'existe un tel triangle [1].

Si une telle défense de la proposition 49 est possible, elle passe cependant à côté du fait que la preuve de ce célèbre théorème sur la somme des angles du triangle repose sur un *postulat*, c'est-à-dire sur un énoncé dont il faut admettre la vérité, et qui n'est pas déclaré comme axiome parce qu'il pourrait éventuellement être démontré [2]. Ce point montre qu'il est justifié du point de vue cartésien de dire que, même au sein de

---

1. Le rapport logique entre l'axiome des parallèles et le théorème de la somme des angles du triangle a été mis en évidenc par un théorème de Legendre que l'on exprime aujourd'hui ainsi : « S'il existe un triangle dont la somme des angles est égale à deux angles droits, alors cette somme est la même pour tous les triangles, et le cinquième postulat d'Euclide est vrai ». Si le théorème sur la somme des angles du triangle joue le rôle d'axiome existentiel, alors le cinquième postulat d'Euclide devient un théorème. Voir A.-M. Legendre, *Éléments de géométrie*, introd. par J. Brunschwig, Paris, Firmin Didot, 1837 (1794), Livre I, prop. 23, Corollaire, p. 19.

2. On sait aujourd'hui que le cinquième postulat d'Euclide n'est pas démontrable, ce qui signifie que cet énoncé – ou bien le théorème de la somme des angles du triangle – appartient au fondement axiomatique de la géométrie euclidienne.

la géométrie, la volonté joue un rôle lorsqu'il s'agit d'admettre les postulats nécessaires à une démonstration.

Cependant, le fait que la démonstration de Spinoza ne soit pas valide ne prouve pas que la proposition 49 soit fausse. La réfutation qui précède montre simplement que la proposition 49 n'est pas prouvée. Est-il possible de la réfuter ? L'objection suivante affirme que tel est le cas, lorsqu'on réfléchit à ce qu'implique la proposition 49 au sujet de la négation.

OBJECTION 2. Affirmer qu'il n'y a dans l'esprit aucune négation en dehors de telle ou telle négation singulière, implique une absurdité. Donc la proposition 49 est fausse.

*Démonstration.* Supposons que l'esprit perçoive une seule et unique idée comme fausse, à savoir l'idée de mouche infinie [1]. La connaissance du fait que cette idée est fausse est fondée, dit Spinoza, sur la connaissance de la nature des corps. Si l'on admet que nous percevons cette idée comme fausse et que par conséquent nous la rejetons parce qu'elle est fausse, nous ne pourrons cependant pas du tout expliquer pourquoi nous la considérons comme fausse, parce qu'il n'y a dans l'esprit aucune négation en dehors de l'idée singulière qu'est cette idée de mouche infinie. Il est impossible de dire que nous la percevons comme fausse parce qu'il y a incompatibilité ou contradiction entre le concept de mouche et le concept d'infini, car contradiction ou incompatibilité sont des termes qui impliquent une idée de la fausseté comme de la négation qui serait, contrairement à l'hypothèse, conçue hors de l'idée singulière. Donc toute explication logique et générale des raisons pour lesquelles l'idée de mouche infinie est fausse sera exclue, car une telle explication contredirait à chaque fois la proposition 49 selon laquelle il n'y a dans l'esprit que des volitions singulières, c'est-à-dire que des affirmations ou des

1. Voir la note 1, page 80.

négations singulières. Ainsi l'idée de mouche infinie serait perçue comme absurde, sans qu'il soit possible de donner la moindre explication de cette absurdité, contrairement à ce que dit Spinoza lui-même quand il prend cette idée comme exemple d'une idée certainement fausse. Le fait qu'il soit possible de déduire une conséquence absurde à partir de la proposition 49 permet de déduire la vérité de sa négation, c'est-à-dire la preuve de sa fausseté [1].

SCOLIE. On pourrait être tenté de défendre Spinoza en répondant qu'il n'a jamais écrit que nous n'avons pas d'idée de la négation, mais qu'aucune négation n'existe dans l'esprit, c'est-à-dire n'a de réalité, en dehors de telle ou telle volition singulière, c'est-à-dire en dehors de telle négation singulière [2]. Si cette défense contre l'objection 2 est une issue pour sauver la théorie spinoziste de la négation, quel statut faut-il donner à la connaissance adéquate de la fausseté de l'idée de mouche infinie ?

Une réponse authentiquement spinoziste consisterait sans doute à accorder à la connaissance adéquate de ce qui est absurde le statut de *notion commune*, car ce sont les notions communes qui, pour Spinoza, permettent de comprendre la connaissance scientifique [3]. En effet, il ne faut jamais oublier que du point de vue spinoziste, le fait de connaître le vrai implique aussi la connaissance de ce qui est nécessairement faux. Autrement dit, il doit y avoir une notion commune, c'est-à-dire adéquate, de l'idée d'absurde qui ne peut pas être différente de l'idée de contradiction, sans laquelle aucune démonstration par l'absurde n'est possible. En raison de la fréquence des démonstrations par l'absurde dans l'*Éthique*, cette réponse

1. Cette démonstration donne un exemple de l'application de l'introduction de la négation, exprimée par la Définition 4, page 48.
2. Je dois cette remarque à Thomas Benatouïl.
3. Voir B. Spinoza, *Éthique* II, prop. 38 à 43.

à l'objection 2 apparaît recevable. Il faut alors simplement modifier légèrement la proposition 49 en précisant qu'il n'y a aucune négation ou affirmation qui ne peut être vraie en dehors d'une idée singulière vraie, ou fausse en dehors d'une idée singulière mutilée et confuse. Remarquons enfin qu'une telle modification s'accorde parfaitement avec l'idée d'une seule et même nécessité qui permet à la fois de rendre compte du vrai et de comprendre le faux. On peut alors à nouveau affirmer que l'entendement et la volonté sont une seule et même chose. Néanmoins, nous allons voir que cette défense spinoziste de la proposition 49 ne permet pas de résoudre deux difficultés inhérentes à la théorie spinoziste du jugement.

La première difficulté est que cette défense ne permet pas de donner un sens clair à l'expression « en dehors » utilisée dans la proposition 49. Si nous avons une notion commune du faux, alors nous avons une notion commune de la négation, et donc on voit mal comment on peut encore soutenir la thèse nominaliste selon laquelle nous n'avons aucune idée de la négation *en dehors de* telle ou telle volition ou idée singulière. Car ou bien nous avons une notion commune de la négation, dont nous percevons le caractère adéquat, indépendamment de l'existence de telle ou telle négation singulière, et alors la proposition 49 est fausse, ou bien nous n'avons pas de notion commune de la négation, et alors on ne voit plus comment éviter l'objection 2 qui réduit la proposition 49 à l'absurde. Dans les deux cas, la proposition 49 doit être rejetée. La réponse à l'objection 2 permet finalement de renforcer la réfutation de la proposition 49 [1].

La seconde difficulté est que Spinoza accorde malgré tout que « la volonté s'étend plus loin que l'entendement, si par

1. Ce problème illustre l'écueil que rencontre tout nominaliste quand il s'efforce d'élaborer une théorie de la connaissance scientifique.

entendement on entend les idées claires et distinctes » [1]. Or par « entendement » Descartes entend bien la faculté des idées claires et distinctes. Laissons de côté le débat sur l'existence des facultés, et remarquons qu'il faut par conséquent accorder l'existence d'au moins deux types de volitions, les volitions qui sont claires et distinctes, et celles qui sont mutilées et confuses. Cette concession ne troublera pas celui qui pense que la théorie spinoziste du jugement est une théorie correcte. Mais alors, comment rendre compte d'un point de vue spinoziste de la perception claire et distincte du caractère mutilé et confus d'une idée, si ce n'est pas une suspension du jugement qui doit alors être dite libre, parce que rationnelle ? Autrement dit, que doit faire le sage pour Spinoza lorsqu'on lui demande de se prononcer sur une question au sujet de laquelle il sait n'avoir que des connaissances incertaines ? Ne doit-il pas librement suspendre son jugement ? Ce n'est pas par hasard si nous revenons sur la question qui est de savoir s'il existe un libre pouvoir de suspendre notre jugement. Dans le scolie de la proposition 49, Spinoza nie en ces termes l'existence d'un tel pouvoir :

> Car, lorsque nous disons qu'on suspend son jugement, nous ne disons rien d'autre sinon qu'on voit qu'on ne perçoit pas la chose de façon adéquate. La perception du jugement est donc en réalité une perception, et non une volonté adéquate [2].

À la suite de quoi vient l'exemple d'un enfant qui est incapable de douter de l'existence d'un cheval ailé, parce que l'idée de ce cheval est son unique perception. Mais avec cet exemple, Spinoza ne voit pas qu'il évite le problème de la perception claire et distincte de l'incertitude des idées mutilées et confuses. Dans un tel cas, on ne peut ni considérer que

---

1. B. Spinoza, *Éthique* II, dans *Œuvres complètes*, *op. cit.*, scolie de la prop. 49, p. 407.
2. *Ibid.*, p. 408.

ces idées sont vraies, puisqu'elles sont mutilées et confuses, ni qu'elles sont fausses, puisqu'elles ne sont pas considérées comme nécessairement absurdes. Le fait que Spinoza concède que la volonté s'étende plus loin que l'entendement, si par entendement on entend les idées claires et distinctes, s'accorde avec le fait que Spinoza reconnaisse à la contingence dans la Définition 3 de l'*Éthique* IV, une certaine valeur objective, par contraste avec l'idée de possible [1].

Cependant, comment accorder à l'idée de contingence une valeur objective, sans reconnaître aussi que nous pouvons voir clairement une absence de preuve (c'est-à-dire l'instance d'une négation par l'échec) et que cette connaissance se distingue objectivement de la connaissance du nécessaire ou de l'indubitable ? Si l'on concède cette dernière distinction, on se demande quel sens il peut encore y avoir à refuser la thèse cartésienne de la libre suspension du jugement au sujet de ce qui n'est pas encore prouvé. Cette faille dans le nécessitarisme de Spinoza montre qu'en dépit des apparences, cette théorie nominaliste s'accorde finalement mal avec l'expérience, tout comme elle trahit l'insuffisance des systèmes philosophiques qui se fondent dogmatiquement sur le principe de bivalence [2].

1. M. Guéroult, *Spinoza : Éthique*, I, Paris, Aubier-Montaigne, 1997 (1968), p. 369.
2. Voir aussi J. Vidal-Rosset, *Les paradoxes de la liberté, op. cit.*, p. 28-38.

# TEXTE 2

## KANT

### *Essai pour introduire en philosophie le concept de grandeur négative* [1]

Voilà la source du concept mathématique de *grandeur négative*. Une grandeur est négative par rapport à une autre grandeur en tant qu'elle ne peut lui être réunie que par une opposition, c'est-à-dire, en tant que l'une fait disparaître dans l'autre une grandeur égale à elle-même. Nous avons bien affaire à un rapport d'opposition, et des grandeurs qui sont ainsi opposées se diminuent l'une l'autre d'une valeur égale, de sorte qu'aucune grandeur ne peut être qualifiée absolument de négative ; il faut dire au contraire que $+a$ et $-a$ d'une chose est la grandeur négative de l'autre ; mais comme on peut toujours l'ajouter en esprit, les mathématiciens ont convenu un jour d'appeler négatives les grandeurs précédées du signe $-$ ; à propos de quoi il ne faut pas oublier que cette dénomination n'indique pas une espèce particulière d'objets quant à leur nature intrinsèque, mais ce rapport d'opposition avec d'autres objets déterminés, marqués du signe $+$, pour être assemblés dans une opposition.

1. E. Kant, *Essai pour introduire en philosophie le concept de grandeur négative*, trad. fr. R. Kempf, Paris, Vrin, 1991 (1763), p. 23-25.

Pour tirer de ce concept ce qui est précisément l'objet de la philosophie, sans examiner particulièrement les grandeurs, nous remarquerons d'abord l'opposition que nous appelions réelle. Soit +8 capitaux, −8 de dettes passives : il n'est pas contradictoire de dire que tous deux appartiennent à une même personne. Cependant l'une détruit une partie égale à celle qui était posée par l'autre, et la conséquence est zéro. J'appellerai par conséquent les dettes des capitaux négatifs. Mais je ne signifierai pas par là qu'elles sont négations ou pure absence de capitaux, dans ce cas elles auraient le zéro pour signe, et le capital et les dettes réunis donneraient le montant de l'avoir, ce qui est faux ; j'entendrai au contraire que les dettes sont des raisons positives de la diminution des capitaux. Comme toute cette dénomination ne désigne jamais que le rapport de certaines choses entre elles, rapport essentiel à ce concept, il serait absurde de s'imaginer une espèce particulière d'objets, et de les appeler négatifs, car l'expression mathématique même des grandeurs négatives est par trop imprécise. Les objets négatifs signifieraient généralement des négations (*negationes*), or ce n'est pas du tout le concept que nous désirons établir. Il suffit au contraire que nous ayons expliqué déjà les rapports d'opposition qui le composent et qui consistent dans l'opposition réelle. Cependant, pour faire voir en même temps dans les expressions que l'un des opposés n'est pas le contradictoire de l'autre, et que si celui-ci est quelque chose de positif, celui-là n'en est pas une pure négation, mais lui est opposé comme quelque chose d'affirmatif [...], nous dirons, suivant la méthode des mathématiques, que la mort est une naissance négative, la chute une ascension négative, le retour un départ négatif, afin que l'expression manifeste que par exemple, la chute ne diffère pas simplement de l'ascension comme *non-a* de *a*, qu'elle est tout aussi positive que l'ascencion, mais qu'en liaison avec elle, elle renferme avant tout le principe d'un départ négatif, afin que l'expression manifeste que, comme tout ici revient au rapport d'opposition, je puis appeler la mort une naissance négative; de même, les capitaux sont aussi bien des dettes négatives, que celles-ci des capitaux négatifs. Il est cependant préférable d'ajouter le nom de *négatif* à l'objet auquel on fait surtout attention, quand on veut indiquer son opposé réel. Par exemple, il est plus pertinent d'appeler les dettes des capitaux négatifs que de les qualifier de dettes positives, bien que la différence ne réside pas dans le rapport d'opposition lui-même, mais dans la relation du résultat de ce rapport au but visé en définitive. Je rappelle enfin que je me servirai de temps à autre de l'expression qu'une chose est la *négative* d'une autre. En disant que la négative de la naissance est la mort, je ne veux pas faire entendre une négation de l'autre, mais quelque chose qui se trouve en opposition réelle avec l'autre.

Dans cette opposition réelle, la proposition suivante doit être considérée comme une *règle fondamentale* : l'incompatibilité réelle ne se produit qu'en tant que, étant donné deux choses comme principes positifs, l'une détruit la conséquence de l'autre. Admettons que la force motrice soit un principe positif, un conflit réel ne peut avoir lieu qu'autant qu'une force motrice étant en rapport avec elle, elles détruisent réciproquement leurs conséquences. Ce qui pourra servir de preuve universelle :

1) Les déterminations opposées les unes aux autres doivent être rencontrées dans le même sujet. Car, supposé qu'une détermination se trouve dans une chose, et une autre détermination, n'importe laquelle, dans une autre chose, il n'en résulte aucune opposition véritable [1].

---

1. Nous traiterons dans la suite d'une opposition *potentielle*. [Note de Kant]

2) Il est impossible qu'une des déterminations opposées dans une opposition réelle soit la contradictoire de l'autre ; en ce cas, le conflit serait d'ordre logique et, comme nous l'avons montré, impossible.

3) Une détermination ne peut nier que ce qui a été posé par l'autre détermination ; car il n'y réside aucune opposition.

4) Elles ne peuvent pas, en tant qu'elles s'opposent réciproquement, être négatives toutes deux, car alors aucune ne poserait rien qui fût supprimé par l'autre. Par conséquent, dans toute oppositions réelle les prédicats doivent être tous deux positifs, mais de manière que dans la liaison les conséquences se suppriment réciproquement dans le même sujet. Ainsi considérées en elles-mêmes, sont toutes deux positives des choses dont l'une est regardée comme la négative de l'autre ; mais leur réunion en un même sujet a zéro pour conséquence. La marche d'un navire vers l'Occident est un mouvement tout aussi positif que celle vers l'Orient ; seulement si l'on a affaire au même navire, les distances parcourues se détruisent réciproquement, totalement ou partiellement.

Par quoi je n'ai pas voulu dire que ces choses, réellement opposées entre elles, n'enferment pas au reste beaucoup de négations. Un vaisseau qui se trouve poussé vers l'ouest ne fait pas route vers l'est ou le sud, etc., et n'est pas non plus dans tous les lieux à la fois. Voilà autant de négations qui tiennent à son mouvement. Parmi toutes ces négations, seul ce qui subsiste de positif, non seulement dans le mouvement vers l'est, mais aussi dans celui vers l'ouest, constitue l'opposition réelle dont la conséquence est zéro.

C'est ce que des signes généraux nous permettent d'expliquer de la manière suivante : toutes les négations véritables qui, partant sont possibles (car la négation de ce qui est posé en même temps dans le sujet est impossible) peuvent être exprimées par le signe zéro $= 0$, l'affirmation par tout signe positif, et la liaison dans le même sujet par $+$ ou $-$. L'on reconnaît ici que les expressions $A + 0 = A$, $A - 0 = A$, $0 + 0 = 0$, $0 - 0 = 0$[1], ne constituent pas des oppositions, et que dans aucune d'elles n'est supprimé ce qui a été posé. De même, $A + A$ n'est pas une suppression, et il ne reste que les cas suivant : $A - A = 0$, c'est-à-dire, que de choses dont l'une est la négative de l'autre, toutes deux sont $A$, et partant véritablement positives, mais de sorte que l'une supprime ce qui a été posé par l'autre.

Voici la *deuxième règle*, qui est proprement l'inverse de la première : partout où il y a un principe positif et où la conséquence est zéro, il y a une opposition réelle, autrement dit ce principe est lié à un autre principe positif qui en est la négative. Si, en haute mer, un navire réellement poussé par le vent d'est ne parvient pas à se déplacer, proportionnellement du moins à la force du vent, il faut bien qu'un courant marin l'en empêche ; ce que je puis exprimer généralement de la manière suivante : la destruction de la conséquence d'un principe positif réclame toujours un principe positif. Soit un principe quelconque d'une conséquence $b$, la conséquence ne peut être zéro qu'en tant qu'il existe une principe de $-b$, c'est-à-dire de quelque chose de véritablement positif qui est opposé au premier : $b - b = 0$. Si la succession d'une personne enferme un capital de $10.000$ thalers, la totalité de l'héritage

1. On pourrait penser que $0 - A$ est encore un cas qui a été omis ici. Ce cas est impossible dans le sens philosophique ; car quelque chose de positif ne peut jamais être retranché de rien. Si, en mathématique, cette expression est pratiquement exacte, cela vient de ce que le zéro ne modifie en rien l'augmentation ni la diminution par d'autres grandeurs : $A + 0 - A$ équivaut à $A - A$ ; le zéro est parfaitement inutile. L'idée qu'on en a fait dériver suivant laquelle des grandeurs négatives seraient *moins que rien* est donc vaine et absurde. [Note de Kant]

ne peut égaler simplement 6.000 thalers, qu'à la condition que
(10.000 − 4.000 = 6.000) 4.000 thalers en aient été prélevés,
aux fins de remboursement ou autres dépenses. Mais ce qui
suit suffira à l'explication de ces lois.

Je livre, en manière de conclusion, ces quelques remarques : j'appellerai *privation* (*privatio*) la négation-consé-
quence-d'une-opposition réelle ; tout négation ne découlant
pas de cette sorte d'incompatibilité doit porter ici le nom de
*défaut* (*defectus, abstentia*). La dernière ne réclame pas de
principe positif, mais simplement le défaut de principe positif ;
quant à la première, elle possède un véritable principe de position et un principe égal qui lui est opposé. Le repos est dans un
corps, soit simplement un défaut, c'est-à-dire une négation du
mouvement par l'absence de force motrice ; soit une privation,
en tant qu'il existe une force motrice, mais que le mouvement
conséquent est détruit par une force opposée.

# COMMENTAIRE

## CONCEPT DE GRANDEUR NÉGATIVE
## ET THÉORIE INTUITIONNISTE DE LA NÉGATION

Ce texte, extrait d'un ouvrage important de la période pré-critique de l'œuvre de Kant, mériterait un commentaire général afin d'en comprendre l'importance et la portée d'un point de vue kantien. Comme le note très justement Zinkin [1], bien que les *Anticipations de la perception* de la *Critique de la raison pure* [2] ne mentionnent pas les grandeurs négatives, elles retiennent l'essentiel de ce que Kant a développé dans l'*Essai pour introduire en philosophie le concept de grandeur négative* [3]. Pour des raisons évidentes, le commentaire qui suit n'a pas pour prétention d'être un commentaire approfondi et détaillé qui permette de juger de la place de ce texte dans le système de Kant. On montrera néanmoins pourquoi ce texte trop souvent négligé, parce qu'appartenant à la période pré-critique, trouve sa place et sa signification dans le système de la *Critique de la raison pure*, puis on expliquera dans un second temps l'analyse générale que Kant fait des concepts de négation et d'opposition ainsi que la frontière qu'il trace

---

1. M. Zinkin, « Kant on Negative Magnitudes », *Kant Studien* 103.4 (2012), p. 397-414.
2. E. Kant, *Critique de la raison pure*, *op. cit.*, p. 242-249.
3. On mentionnera cet ouvrage par le titre abrégé d'*Essai*.

entre logique d'un côté, et mathématiques de l'autre. Nous verrons enfin comment le carré des oppositions en logique classique permet de comprendre d'un point de vue logique la distinction que Kant fait entre contradiction et opposition réelle, et comment aussi la logique intuitionniste peut traduire de manière encore plus fine et plus fidèle certaines intuitions kantiennes.

Dès le début de son *Essai*, Kant part du concept d'opposition et définit l'opposition de deux choses ainsi :

> Deux choses sont opposées entre elles lorsque le fait de poser l'une supprime l'autre. Cette opposition est double : soit logique (par la contradiction), soit réelle (sans contradiction). On n'a considéré jusqu'ici que la première opposition ou opposition logique. Elle consiste à affirmer et à nier quelque chose du même sujet. Cette connexion logique est sans conséquence (*nihil negativum repraesentabile*), comme l'énonce le principe de contradiction. Un corps en mouvement est quelque chose, un corps qui n'est pas en mouvement est aussi quelque chose (*cogitabile*) ; seul un corps qui sous le même rapport serait à la fois en mouvement et au repos n'est rien [1].

De manière limpide, Kant fait référence au principe de contradiction tel qu'il est énoncé par Aristote :

> Il est impossible que le même attribut appartienne et n'appartienne pas en même temps, au même sujet et sous le même rapport [2].

Rappelons que Kant affirme dans la Préface de la seconde édition de *Critique de la raison pure* que la logique est, « selon toute apparence, close et achevée » depuis Aristote [3]. Kant

---

1. E. Kant, *Essai, op. cit.*, p. 19.
2. Aristote, *La Métaphysique, op. cit.*, Γ, 3, 1005b, 20-22, p. 195, déjà cité dans la note 3 p. 77.
3. E. Kant, *Critique de la raison pure, op. cit.*, p. 73-74.

répète donc la leçon d'Aristote : non seulement une contradiction logique ne peut pas être, mais elle n'est pas même
représentable, ce que Wittgenstein dira plus tard à sa façon,
en pensant très probablement à Leibniz :

> On a dit que Dieu pouvait tout créer, sauf seulement ce
> qui contredirait aux lois de la logique. – En effet, nous
> ne pourrions pas *dire* à quoi ressemblerait un monde
> « illogique » [1].

L'intention de Kant est donc de distinguer la contradiction
logique qui implique l'idée d'absence d'objet, de l'opposition réelle entre des forces au sein d'un même objet, que l'on
conçoit comme pouvant s'annuler si elles sont égales. On voit
donc clairement que cette distinction introduit, à la fois implicitement et nécessairement, la catégorie de *causalité* : car si
une qualité est diminuée ou annulée dans un objet en raison
de la présence d'une autre qualité contraire, la chaleur est
diminuée par l'action du froid, cela ne peut être parce que
cette dernière est conçue comme la *cause* de la privation de
cette première. Annihilation logique et annihilation réelle sont
distinguées dans la célèbre table du Rien donnée à la fin de
*l'Analytique des principes* dans *Critique de la raison pure* [2].
La contradiction logique correspond à la quatrième et dernière
division. Les grandeurs négatives sont elles assignables dans
cette table du Rien ? Citons le commentaire final que Kant
donne à cette table et qui achève *l'Analytique des principes* :

> On voit que l'être de raison (1.) se différencie du non-
> être (4.) en ce que le premier ne peut être mis au nombre
> des possibilités, parce qu'il est simplement une fiction
> (bien que non contradictoire), alors que le second [c'est-
> à-dire le 4], est opposé à la possibilité, dans la mesure

1. L. Wittgenstein, *Tractatus logico-philosophicus*, *op. cit.*, 3.031,
p. 41.
2. E. Kant, *Critique de la raison pure*, *op. cit.*, p. 328.

RIEN
*comme*

1. Concept vide
sans objet (*ens
rationis*)

2. Objet vide d'un
concept (*nihil
privativum*)

3. Intuition vide
sans objet (*ens
imaginarium*)

4. Objet vide
sans concept
(*nihil negativum*)

TABLE 1.   Division du concept de Rien.

où le concept se détruit lui-même. Tous deux sont cependant des concepts vides. Au contraire, le *nihil privativum* (2.) et l'*ens imaginarium* (3.) sont des données vides pour des concepts. Si la lumière n'a pas été donnée au sens, on ne peut pas se représenter non plus une obscurité, de même qu'aucun espace, si l'on n'a pas perçu des êtres étendus. La négation aussi bien que la simple forme de l'intuition ne constituent pas, sans un réel, des objets.

Puisque la privation est toujours la conséquence d'une opposition réelle et donc n'est pas *rien*, on serait peut-être tenté d'affirmer que le concept de grandeur négative est indépendant de cette table. Il semble que ce soit la position que défend Vuillemin lorsqu'il écrit :

> On se souviendra que les *Anticipations de la perception* ne font aucune allusion à la dualité des forces fondamentales ou au principe des grandeurs négatives en général [1].

1. J. Vuillemin, *Physique et métaphysique kantiennes*, Paris, P.U.F., 1987 (1955), p. 145.

Cependant, trois arguments contredisent la thèse selon laquelle les grandeurs négatives seraient absentes des *Anticipations de la perception*. D'une part la définition de la grandeur donnée par Kant dès le début de notre extrait de l'*Essai* (page 103 de cet ouvrage), est évidemment commune à la grandeur intensive et à la grandeur négative. D'autre part, comme le remarque Zinkin[1], les grandeurs négatives sont aussi des grandeurs intensives et sont mesurées en degrés. Enfin, l'*Essai* et la *Critique de la raison pure* ont en commun la même définition de la négation. Les grandeurs négatives sont le négatif des grandeurs intensives : celles-ci sont définies dans le mouvement de l'addition, celles-là dans celui de la soustraction. S'il peut paraître raisonnable de considérer que les grandeurs négatives disparaissent des tables de la première *Critique de la raison pure*, et en particulier de la table du Rien, c'est une option qui laisse finalement l'esprit insatisfait, car la privation qui résulte d'une opposition réelle, reste malgré tout appréhendée par l'esprit comme quelque chose de négatif.

Il faut donc ou bien renoncer à voir une quelconque présence des grandeurs négatives dans la table du Rien, ou bien admettre qu'elles y ont leur place, mais que celle-ci n'apparaît pas sans un effort d'interprétation. Pour guider celle-ci, le mieux est de suivre la thèse pertinente de Longuenesse[2] selon laquelle il existe, du point de vue de la *Critique de la raison pure*, une correspondance stricte entre la table des formes logiques du jugement et la table des catégories. C'est la table des formes logiques qui doit servir de « fil conducteur » à l'inventaire des concepts purs de l'entendement, car dans les termes de l'*Analytique des concepts*, « la même fonction qui

---

1. M. Zinkin, « Kant on Negative Magnitudes », art. cit., n. 27.
2. B. Longuenesse, *Kant et le pouvoir de juger : sensibilité et discursivité dans l'*Analytique transcendantale *de la* Critique de la raison pure, Paris, P.U.F., 1993 (édition anglaise revue et augmentée: *Kant and the capacity to judge*, Princeton University Press, 1998).

fournit de l'unité aux représentations *dans un jugement* donne aussi à la simple synthèse de diverses représentations *dans une intuition* une unité qui, exprimée de façon générale, s'appelle le concept pur de l'entendement [1]. » Fidèle à cette méthode, lorsque Longuenesse explique la table du Rien, elle écrit :

> Le *nihil privativum* de la *Critique* pourrait être l'un des deux cas considérés de la période pré-critique de l'*Essai* : *defectus* ou *privatio*. Le second cas (*privatio*) est cependant le plus intéressant, car il met en relation la réalité et la négation à la troisième catégorie de qualité : la limitation. En effet, comme nous le verrons, réalité et négation, détermination d'une chose (*Sachheit, Realität*) et absence d'une telle détermination, ne sont rien d'autre que limitation : les déterminations de toute chose donnée dans l'espace et le temps ne sont rien d'autre que des limitations réciproques universellement opposées les unes aux autres (se limitant réciproquement) dans l'espace et le temps [2].

Ce qui tend à confirmer l'hypothèse de Longuenesse selon laquelle l'expression *nihil privativum* désignerait à la fois *defectus* et *privatio*, et que par conséquent le *rien* des grandeurs négatives serait à placer dans la seconde division de cette table, c'est tout d'abord le simple fait que Kant fait usage de deux expressions latines semblables qui signifient respectivement « rien de privation » (c'est-à-dire « rien en tant que privation ») et « privation ». D'autre part, l'exemple choisi par Kant pour expliquer ce *nihil privativum* repose bien sur une opposition ou une incompatibilité : lumière et obscurité. Remarquons enfin que si le simple fait de concevoir que la lumière l'emporte sur l'obscurité, ou l'obscurité sur la lumière,

1. E. Kant, *Critique de la raison pure*, *op. cit.*, p. 162.
2. B. Longuenesse, *Kant et le pouvoir de juger*, *op. cit.*, traduit à partir de l'édition anglaise, p. 304.

conduit à inférer l'existence d'une action causale déterminant le fait que l'une l'emporte sur l'autre. La signification ontologique de la négation est donc, pour Kant, définie par la négation existentielle, comme le montre clairement la section sur le *schématisme des concepts purs de l'entendement* :

> La réalité est, dans le concept de l'entendement, ce qui correspond à une sensation en général, donc ce dont le concept indique en lui-même un existence (dans le temps) ; *la négation, ce dont le concept représente une non-existence (dans le temps)* [1].

La suite du texte que nous venons de citer et à laquelle nous ne pouvons que renvoyer le lecteur, soutient que l'opposition de l'existence et de la non-existence dans le temps est exprimée dans la sensation qui possède un degré ou une grandeur pouvant se réduire à rien, ce rien que Kant définit comme « = 0, = *negatio* ». C'est donc bien la sensation, définie de manière intensive, qui permet à l'entendement de se représenter la réalité et la suppression (négation) de la réalité dans cette forme de l'intuition dans laquelle « s'écoule l'existence de ce qui est soumis au changement », c'est-à-dire la substance, et dans laquelle on peut définir ce que signifient pour l'expérience (c'est-à-dire pour la représentation ou le schématisme) toutes les autres catégories de l'entendement [2] : causalité, action réciproque, modalités de la nécessité et de la possibilité, etc.

Si l'on s'efforce d'assigner complètement le *rien* ou la suppression exprimée par une grandeur négative, celui-ci est à la fois l'*objet vide d'un concept* (2), au sens où l'opposition réelle se traduit par un manque, mais aussi *intuition*

---

1. E. Kant, *Critique de la raison pure*, *op. cit.*, p. 227 ; c'est moi qui souligne.

2. Comparer *Critique de la raison pure*, *op. cit.*, p. 228 avec la table des catégories, p. 163.

*vide sans objet* (3), au sens ou cette intuition est la condition de possibilité formelle de sa représentation. Si des vents
contraires ralentissent la course d'un navire, les coordonnées
spatio-temporelles qui auraient pu être celles du navire sans la
présence de ces vents contraires correspondent à une intuition
vide sans objet. L'esprit peut imaginer une diminution continue
de ces forces avec pour effet une augmentation continue de la
vitesse du navire, et ce sont bien intuitions pures de l'espace
et du temps qui rendent possibles les variations indéfinies de
cette reconstitution imaginaire.

Ce qui est donc remarquable est moins le fait que la
mention des grandeurs négatives soit absente de la *Critique
de la raison pure* que cet *Essai* anticipe de manière étonnante
l'intégralité du projet critique, puisque l'*Essai* ne limite pas
la réflexion sur les grandeurs négatives au seul domaine de
la connaissance physique [1], mais généralise la réflexion sur le
concept de grandeur négative à l'ensemble de la philosophie
de la connaissance et de la morale : il caractérise entre autres
concepts, l'erreur comme « une vérité négative », et la réfutation comme « une preuve négative », le démérite, comme une
« vertu négative » [2], etc.

On espère avoir ainsi montré l'importance de ce texte
dans le système kantien. Il nous reste maintenant, pour finir,
à dire pourquoi l'approche kantienne de la négation et des
grandeurs négatives est caractéristique de l'intuitionnisme en
général.

Du commentaire que Kant donne de la table du Rien, il
faut souligner ce qu'il dit de la négation : « *la négation aussi
bien que la simple forme de l'intuition ne constituent pas, sans
un réel, des objets* ». On sait que l'intuitionnisme logique se

---

1. C'est à la méthode des fluxions de Newton que Kant pense lorsqu'il
définit la grandeur intensive, voir B. Longuenesse, *Kant et le pouvoir de
juger*, *op. cit.*, p. 317 et *sq.*

2. E. Kant, *Essai*, *op. cit.*, p. 32-34.

définit par le refus d'assumer le principe de bivalence et par la réduction de la vérité à la preuve. Du point de vue de la théorie de la connaissance, l'intuitionnisme se définit par le refus d'accorder aux *seules* opérations logico-mathématiques de l'esprit une valeur objective *a priori* : si celles-ci sont bien les conditions de possibilité de toute connaissance claire et distincte du réel, elles ne permettent pas *à elles seules* de définir le réel, car il faut qu'elles s'appliquent aux objets donnés dans l'expérience, que celle-ci soit celle des intuitions pures du temps et de l'espace, ou qu'elle soit empirique. Le cas de la négation est le cas le plus clair où l'on comprend l'erreur du dogmatisme qui interprète spontanément la négation comme une propriété de toute chose finie et déterminée. Du point de vue kantien, comme du point de vue intuitionniste en général, la négation n'est rien en dehors de l'activité de notre esprit qui s'exerce sur le réel donné dans telle ou telle perception déterminée.

Dans le texte de l'*Essai* que nous avons cité, Kant fonde sa réflexion sur le concept mathématique de grandeur négative, et la grandeur négative ne se comprend qu'en raison de l'opposition réelle entre prédicats positifs. Il est surprenant cependant que Kant ne fasse usage ici que des signes + et −, sans jamais s'appuyer sur le fameux carré logique des oppositions. La table 2 de la page 118 est la représentation contemporaine du carré des oppositions en logique classique du premier ordre ; seules les formules de cette table sont anachroniques vis-à-vis de la période de l'*Essai*, mais nous verrons que celles-ci permettent une compréhension approfondie des relations logiques d'opposition [1].

---

1. Le carré des oppositions apparaît à la fin de l'Antiquité, il est présent dans l'œuvre d'Apulée : R. Blanché, *La logique et son histoire*, introd. par J. Dubucs, Paris, A. Colin, 1996 (1970), chap. V, p. 123. Voir aussi W.v.O. Quine, *Méthodes de logique, op. cit.*, p. 128. L'étude du carré logique connaît aujourd'hui un regain d'intérêt, voir J.-Y. Béziau

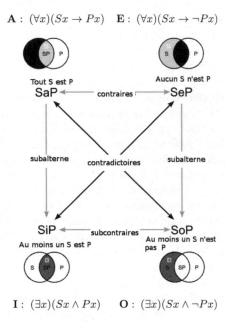

$$\mathbf{A} : (\forall x)(Sx \to Px) \quad \mathbf{E} : (\forall x)(Sx \to \neg Px)$$

$$\mathbf{I} : (\exists x)(Sx \wedge Px) \quad \mathbf{O} : (\exists x)(Sx \wedge \neg Px)$$

TABLE 2. Carré des oppositions en logique classique du premier ordre.

Le carré logique des oppositions n'est pas mentionné par Kant, car contrairement aux mathématiques qu'il définira comme synthétiques et *a priori*, les relations logiques dans ce carré sont analytiques et donc, du point de vue kantien,

et D. Jacquette (dir.), *Around and Beyond the Square of Opposition*, Bâle, Birkhäuser, 2012. La figure de la page 118 a été construite à partir des schémas de l'article français de Wikipédia sur le carré logique (http://fr.wikipedia.org/wiki/Carré_logique).

n'expriment rien de plus que le respect du principe de contradiction. Pourtant, même si l'on accorde à Kant que les vérités
logiques sont analytiques, il n'en reste pas moins que le carré
des oppositions peut clarifier ce qu'il faut entendre par « opposition », en montrant pourquoi les énoncés « contraires » ou
« subcontraires » s'opposent tout en n'étant pas entre eux
dans une relation de contradiction proprement dite. Nous le
montrerons en nous fondant sur la table 2 de la page 118, et
sur quelques éléments de la *Critique de la raison pratique*
choisis à titre d'exemple.

Si $S$ est l'ensemble des actions accomplies par pur respect
du devoir et $P$ l'ensemble des actions accomplies par
penchant, il est clair qu'aucun des deux énoncés universels
contraires (**A** et **E**) ne pourra être vrai si l'autre l'est : ou
bien il est vrai que toute action accomplie par devoir est aussi
accomplie par penchant, mais alors il est faux que les deux
types d'actions s'excluent mutuellement, ou bien il est vrai que
les deux types d'actions sont mutuellement exclusifs et alors il
est évidemment faux que toute action accomplie par devoir
est aussi accomplie par penchant [1]. Mais on sait que Kant
affirme que les deux énoncés universels sont faux, puisque
l'on peut définir des actions accomplies par devoir que l'on
conçoit comme hors de la sphère des actions accomplies par
penchant (le sacrifice de soi), et qu'il existe aussi des actions
accomplies par devoir qui s'accordent avec le bonheur et qui
peuvent donc être dans la lunule (notée SP dans le schéma).

---

1. Le fait que la vérité de chaque contraire implique la fausseté de
l'autre s'exprime par ces théorèmes de logique du premier ordre :

$$\vdash_i ((\forall x)(Sx \to Px) \land (\exists x)Sx) \to \neg(\forall x)(Sx \to \neg Px)) \quad (9)$$

et

$$\vdash_i ((\forall x)(Sx \to \neg Px) \land (\exists x)Sx) \to \neg(\forall x)(Sx \to Px) \quad (10)$$

Remarquons qu'il est nécessaire d'ajouter dans l'hypothèse la supposition
de l'énoncé existentiel sur $Sx$ pour que le conditionnel soit prouvable (voir
note 2 page 120).

On illustre l'opposition des subcontraires en conservant les mêmes interprétations : on peut admettre à la fois l'existence d'une action accomplie par pur respect du devoir qui s'accorde avec le bonheur et l'existence d'une action accomplie par pur respect du devoir, mais qui n'est pas compatible avec les penchants (autrement dit, **I** et **O** sont tous les deux vrais). Mais si l'on affirme que ces deux énoncés existentiels sont tous deux faux, autrement dit qu'il n'existe pas une seule action accomplie par respect du devoir qui s'accorde avec le bonheur et pas une action par respect du devoir hors de tout penchant, alors concept de devoir est vide, c'est-à-dire implique une contradiction. Une telle conséquence est absurde et illustre la règle selon laquelle il est toujours faux d'affirmer la fausseté simultanée des subcontraires dans le carré des oppositions [1].

L'illustration de la relation de subalternation est intéressante : l'affirmation d'un énoncé universel (**A** ou **E**) *ne suffit pas* pour dériver son énoncé subalterne (**I** ou **O**), car il faut à chaque fois supposer, dans le cadre de notre interprétation, qu'il existe au moins une action accomplie par devoir, c'est-à-dire l'existence d'un élément dans $S$, pour que la conclusion de la subalterne soit valide à partir de son universelle correspondante [2].

Il reste enfin à expliquer les relations contradictoires : l'affirmation de l'une implique à chaque fois la négation de sa contradictoire. Cette relation est évidente en logique classique,

---

1. $\vdash_i (\neg(\exists x)(Sx \wedge Px) \wedge \neg(\exists x)(Sx \wedge \neg Px)) \rightarrow \neg(\exists x)Sx$ (11)

2. Ce qui se traduit dans le cas positif par

$$\vdash_i ((\forall x)(Sx \rightarrow Px) \wedge (\exists x)Sx) \rightarrow (\exists x)(Sx \wedge Px) \qquad (12)$$

et dans le cas négatif par

$$\vdash_i ((\forall x)(Sx \rightarrow \neg Px) \wedge (\exists x)Sx) \rightarrow (\exists x)(Sx \wedge \neg Px) \qquad (13)$$

puisque la contradictoire de $A$ est définie par la négation de $A$, la négation de la négation de $A$ est équivalente à $A$ [1]. Notons qu'à la différence de la relation de contrariété, on a une relation classique d'équivalence entre une proposition et la négation de sa proposition contradictoire, et qu'il est inutile, contrairement à ce que l'on observe encore une fois avec l'opposition des contraires, d'ajouter une supposition existentielle. Ce dernier point est souvent négligé par les philosophes qui ne se résignent pas à l'existence d'une distinction irréductible entre d'une part les oppositions des contraires et des subcontraires et, d'autre part, l'opposition des contradictoires.

La conclusion provisoire qui s'impose est donc qu'il est possible de comprendre *du point de vue logique* la distinction sur laquelle Kant se fonde pour distinguer les *oppositions réelles*, qui enveloppent donc des assertions existentielles et qui relèvent pour Kant de la connaissance mathématique, de la *contradiction logique*, laquelle est définissable à partir du schéma $\neg A \wedge A$. Le tort de l'hégélianisme est donc soutenir que des contradictions existent dans l'Histoire, quand la logique montre que seules des choses opposées peuvent coexister et entrer en conflit. Si Macherey a peut-être raison de lire le système de Spinoza comme une critique de la dialectique hégélienne, une telle interprétation s'impose à plus forte raison en ce qui concerne l'*Essai* de Kant qui développe des arguments

---

1. En effet, les relations contradictoires se traduisent par le fait que chaque antécédent implique la négation de la formule opposée dans la diagonale :

$$\vdash_i (\exists x)(Sx \wedge \neg Px) \to \neg(\forall x)(Sx \to Px) \tag{14}$$

$$\vdash_i (\forall x)(Sx \to Px) \to \neg(\exists x)(Sx \wedge \neg Px) \tag{15}$$

$$\vdash_i (\exists x)(Sx \wedge Px) \to \neg(\forall x)(Sx \to \neg Px) \tag{16}$$

$$\vdash_i (\forall x)(Sx \to \neg Px) \to \neg(\exists x)(Sx \wedge Px) \tag{17}$$

pour rejeter à l'avance la conception hégélienne de la logique et l'usage que celle-ci fait du principe de contradiction.

Ces points étant bien connus, on ne les développera pas plus et l'on achèvera cette analyse en formulant une conjecture à partir de la question suivante. Est-il possible que, bien qu'au fait de l'existence du carré logique, Kant ait négligé son usage en raison d'un désaccord avec certaines inférences à laquelle la logique classique le contraignait ? C'est une conjecture que suggère la lecture que Vuillemin fait de Kant, puisqu'il définit ce système comme un système intuitionniste, auquel il manque évidemment l'usage de la logique intuitionniste qui n'a été rendu possible qu'à partir des travaux de Gentzen et de Heyting. Il est intéressant de noter que la connaissance de la logique intuitionniste et de certains éléments du système de Kant rend une telle conjecture plausible, comme nous allons le voir pour conclure.

Il est effet remarquable que certaines inférences correctes en logique classique conduisent à des conséquences philosophiquement inacceptables pour Kant. S'il est vrai par exemple, qu'il est par définition absurde d'affirmer que si un acte est accompli par pur respect du devoir, alors il est accompli par penchant, peut-on en déduire qu'il existe au moins un acte accompli par pur respect du devoir et sans être déterminé par un penchant ? L'existence d'un acte conforme à cette pureté n'étant pas certaine, une telle implication n'est pas valide dans le contexte de la morale kantienne ; pourtant l'inférence est correcte en logique classique, mais pas en logique intuitionniste [1].

---

1. En effet on a en logique classique le théorème suivant

$$\vdash_c \neg(\forall x)(Sx \to Px) \to (\exists x)(Sx \land \neg Px) \qquad (18)$$

mais (18) n'est pas prouvable en logique intuitionniste.

En effet, en logique intuitionniste, l'interdéfinissabilité des quantificateurs propre à la logique classique est abandonnée [1]. La supposition de la fausseté d'un énoncé universel $A$ (ou $E$) n'implique pas la vérité de l'énoncé existentiel qui est sa contradiction. Notre espèce a donc spontanément privilégié la simplicité logique de la négation classique en raison de la richesse et de l'harmonie des conséquences d'un tel choix ; c'est récemment que la signification conceptuelle de la négation a pu être éclairée par une logique dont la grammaire plus riche commence à être connue et mieux comprise.

---

1. En logique classique on a

$$(\forall x)Fx \leftrightarrow \neg(\exists x)\neg Fx \tag{19}$$

et

$$(\exists x)Fx \leftrightarrow \neg(\forall x)\neg Fx \tag{20}$$

En logique intuitionniste, (19) et (20) ne restent que partiellement valides car l'implication de droite à gauche disparaît : il est correct d'apposer une double négation à une formule, non de l'ôter. La validité intuitionniste des formules qui précèdent a été vérifiée à l'aide de deux « prouveurs » pour la logique intuitionniste du premier ordre : IMOGEN, écrit par Sean Mc Laughlin (https://bitbucket.org/seanmcl/imogen), et ileanCoP, écrit par Jens Otten (http://www.leancop.de/ileancop/index.html). Nous tenons à remercier ces créateurs pour avoir choisi de donner ces logiciels comme libres d'accès, ouverts et gratuits.

# TABLE DES MATIÈRES

## Qu'est-ce que la négation ?

## Textes et commentaires

# DANS LA MÊME COLLECTION

Imprimerie de la manutention à Mayenne (France) - Décembre 2013 - Nº 2134906W

Dépôt légal : 4ᵉ trimestre 2013